从拿波里到威尼斯
意大利7天精选自由行

淡欣 著

中国市场出版社
China Market Press

图书在版编目（CIP）数据

从拿波里到威尼斯：意大利7天精选自由行/淡欣著. —北京：中国市场出版社，2014.1

ISBN 978-7-5092-1152-6

Ⅰ.从… Ⅱ.淡… Ⅲ.旅游指南—意大利 Ⅳ.K954.69

中国版本图书馆CIP数据核字（2013）第255455号

出版发行	中国市场出版社		
社　　址	北京月坛北小街2号院3号楼	邮政编码	100837
出版发行	编　辑　部（010）68034190	读者服务部	（010）68022950
	发　行　部（010）68021338　68020340　68053489		
	68024335　68033577　68033539		
	总　编　室（010）68020336		
	盗版举报　（010）68020336		
邮　　箱	1252625925@qq.com		
经　　销	新华书店		
印　　刷	北京九歌天成彩色印刷有限公司		
规　　格	170毫米×230毫米　　16开本	版　次	2014年1月第1版
印　　张	15	印　次	2014年1月第1次印刷
字　　数	174千字	定　价	58.00元

版权所有　　侵版必究　　印装差错　　负责调换

前 言

这个世界的不同角落各有各的困惑。没自由的时候向往解放，有自由的时候向往秩序；有管控的时候向往松绑，没管控的时候向道德求援；没食物的时候给口水也好，有食物的时候担心胖死撑死或中毒身亡。于是有人出来煲心灵鸡汤，说你若乐观，世界便美好，你若悲观，世界有如地狱，仿佛世界很神奇，真会随着你情绪的每个瞬间变脸——魔鬼或者天使，但时间一长你便觉得满不是这么回事，说我懂了，还是让我自己边走边看吧。

走在世界的某个角落，用无形的钟罩包裹自己的时候，哪儿都可以是家，哪儿也不打动你，在哪儿都是过客，去了到过便罢了。若是赤裸着灵魂行走，就要准备失去自我，而且还是在不可控的程度上，好与不好只有自己知道，被改变了没有也只有自己明白。所以这本书不是要给你知识，也不会代你或带你行走，它只是帮你做一点家庭作业，在你出门前告诉你诸多可能，在你行走中告诉你一些可能有用的背景，在你回来后同你分享行走的感悟。如果货不对板，就请把它放回书架，给想要它的人留着。

本书照片除署名外全部为作者所摄。

感谢朋友高鹏、周小兵为本书提供部分照片。

感谢朋友安二玲、骆旭东（ST Loke）、唐云（Gabriella Bonino）的帮助。

目录

引　子 /001

第一天 /003

　　桑塔露齐亚 /004

　　拿波里港和新堡 /006

　　卡布里岛 /008

　　索莲托 /019

　　阿玛尔菲 /024

第二天 /039

　　蛋堡 /039

　　圣卡洛歌剧院 /041

　　拿波里皇宫 /042

　　保拉圣方济各教堂和公民投票广场 /044

　　翁贝托一世长廊 /046

　　庞贝 /050

第三天 /063

　　罗马引水渠 /063

　　圣天使城堡·圣天使桥 /064

　　梵蒂冈圣彼得广场 /073

　　梵蒂冈圣彼得大教堂 /077

　　梵蒂冈博物馆 /092

第四天 /120

　　拿佛纳广场 /120

　　圣阿尼泽教堂 /125

　　万神殿 /140

　　佛朗西斯圣路易教堂 /145

　　古罗马竞技场和君士坦丁凯旋门 /147

　　古罗马废墟 /149

　　威尼斯广场 /151

许愿池 /157

西班牙广场 /161

柯罗苏圣安博及嘉禄堂 /166

第五天 /169

佛罗伦萨广场 /169

佛罗伦萨市政广场 /170

但丁故居 /179

圣母百花大教堂和乔托钟楼 /182

圣乔万尼洗礼堂 /187

圣洛伦佐教堂·梅迪奇家庙 /190

乌菲兹美术馆 /195

圣十字广场·圣十字教堂 /210

第六天 /212

锡耶纳田野广场 /213

锡耶纳主教座堂 /214

锡耶纳赛马节 /216

锡耶纳餐厅·原味罗勒酱意大利面 /218

圣吉米纳诺水井广场 /219

圣吉米纳诺塔楼 /220

圣吉米纳诺主教座堂 /221

圣吉米纳诺小村餐厅 /222

第七天 /224

圣马可广场 /225

威尼斯水巷 /227

叹息桥 /228

里阿尔托桥 /229

结 语 /232

ITALIA

- 威尼斯
- 佛罗伦萨
- 圣吉米纳诺
- 锡耶纳
- 罗马
- 拿波里
- 庞贝
- 阿玛尔菲
- 卡布里
- 索莲托

引 子

乘"蝴蝶夫人号"飞往拿波里

  春末去意大利自由行，委托旅行社安排了食宿、租车以及一位导游。路线自定，八天的行程，从南部的拿波里开始，到北边的威尼斯结束。

  北京没有直飞拿波里的航班，在慕尼黑转机，飞往拿波里的是汉莎航空公司控股的一家小公司，名字叫做Air Dolomiti，飞机机头上印着一个蓝绿色标志，上面写着"Madama Butterfly, Giacomo Puccini"，这分明是指普契尼作曲的歌剧《蝴蝶夫人》，这架飞机是"蝴蝶夫人号"。

  乘"蝴蝶夫人号"降落在拿波里已是当地时间晚上九点半，夜幕中开始飘落细雨。"客雅雨来勤"，意大利也有这样的习俗吗？都说意大利人和中国人有颇多相似之处，一方面是文化同样深厚，一方面是人的性格和优缺点几乎相同。

  虽然已是深夜，前台的服务员却一直等着我们到来，分配好房间后，他还给了每个人一份拿波里地图。这地图很有趣，厚厚的一叠像信纸那样，可以一张一张地撕下来。导游说，意大利的酒店都有这种服务，免费提供简单的地图，但是标注得比较粗略，认大方向还行，照着走就不够详细，还是要用正式出版的地图。

  学了一句意大利问候语"Ciao"，发音很像中文的"俏"，意思是"你好",据说一天内任何时间都可以用,早安、午安、晚上好、晚安都是它,也可以当作"谢谢",视当时的时间、场景而定。还有一句"Prego",看手势听发音就能猜得到,意思是"请"。

旅行社派来的导游一再关照要注意人身财产安全。意大利不是地狱,但也绝非天堂,拿波里有"集美丽与邪恶于一身"之称,更是要小心加小心。意大利之行就这样在导游的千叮万嘱中开始了。

"蝴蝶夫人号"

第一天

　　上午去卡布里岛，下午去索莲托和阿玛尔菲，晚上仍旧住在拿波里。

　　先说说"拿波里"这个名字。很多的公开出版物中都称这座城市为"那不勒斯"，事实上在意大利语中，这座城市的名字是NAPOLI，有路牌为证，音译就是"拿波里"，其他的名字都是从别的语言中转译的，本书因此统一称它为"拿波里"。

NAPOLI是这座城市的真名

桑塔露齐亚

司机是位本地中年人，叫朱赛佩。车开起来，音乐也跟着起来了，是《桑塔露齐亚》，一首耳熟能详的情歌，车上的每个人都会唱，于是大家都随着音乐放声唱起来。朱赛佩变得十分兴奋，也和我们一起唱，他和CD里面唱的是意大利语，我们用的是中文，有点怪奇怪的是，同样的音乐，唱出来的味道却有那么一些不同，我们唱的是一首纯纯的情歌，而朱赛佩的歌声却有那么一些轻佻。

导游没有参加这曲大合唱。等到歌声落下，他说，我们前边就会路过桑塔露齐亚港。桑塔露齐亚曾经是一座12世纪渔村的名字，后来成为重要港口，而航运的发展和世界各地水手们的到来，使这里成为拿波里最著名的红灯区，每当夜幕降临，就会有穿着男款毛衣的女子出没在灯火迷离的水边，这种装扮是一种标志，"桑塔露齐亚"自然也就成了一个暧昧的名字。

多么可笑，《桑塔露齐亚》是我们从小熟知的、为数不多的世界著名民歌，它优美的旋律和歌词是那么深情款款，不知荡漾了

这是朱塞佩，开朗的欢快的拿波里司机
（周小兵摄）

多少春青年少的心，没想到，在它的家乡，这首歌的头顶居然飘扬着艳帜。朱赛佩一定会觉得非常惊奇：这些中国人为什么个个唱起这首歌来都那么毫无顾忌？文化传递的过程真的很微妙，旋律上一些细小的加工，再隐去那些不登大雅之堂的背景，这首歌就能以健康的面貌在中国流传半个多世纪。还不如不揭开它的背景，反正以后，再也不会随便唱这首歌了，即使别人不知道，自己唱的时候也会觉得是淫词艳曲？那种感觉就如同处子嬗变的一瞬间，满足了猎奇的心，也失去了童真。

白天的桑塔露齐亚港很平静

　　朱赛佩把车停在了桑塔露齐亚港的岸边，现在是早晨，这里是远眺维苏威火山的最佳地点。维苏威火山就是那座将庞贝城变成废墟的火山，它的名字因为庞贝城而闻名全世界，但没有想到的是，这座至今仍然间或喷发的活火山，在天边朦胧的晨霭中竟然也会如此安静，仿佛它天生善良温婉，从没伤害过任何生命，大自然的假面也很可怕。火山灰令土地肥沃丰饶，人们又在不自觉地被它吸引到四周居住，等待着下一个毁灭的瞬间。去庞贝看就知道，那座被发掘出的被毁的城池，有许多用火山岩做建筑材料的遗迹，说明人们在建它的时候，早已忘了它上一次的喷发带来的灾难。活火山就是有这种特别的诱惑，即便是我们这些偶尔来此的游客，也忍不住要靠近它的美丽，总是希望在自己靠近它的时候，它是一个收起了狰狞的美人。

拿波里港和新堡

离开桑塔露齐亚赶往拿波里港，我们要从这里乘船去卡布里岛。时间还不到九点钟，拿波里港正处于初醒时分，一群群游客带着昨夜的倦容散漫地排着队等待上船。拿波里是典型的旅游城市，拿波里港是这架高效运转的商业机器上重要的一环，每个旅行团去卡布里岛的航班都被事先安排妥当，导游只需到值班室问一声就可以了。

拿波里港不大，不远处就是红色的皇宫，旁边还有一座古堡，名叫"新堡"。等船的时候，可以远远地欣赏这座位于市中心的古堡。新堡的官称是努奥波城堡（Castel Nuovo），公元13世纪由安吉文家族修建，15世纪时又由阿拉贡家族重修，它的经历正和拿波里的一段历史相契合：拿波里这个名字源于希腊语"新城市"，自公元前7世纪起，这里就是古希腊人的乐园，直到公元前4世纪被古罗马统治。伴随古罗马帝国的衰亡，拿波里曾陷入乱世，到公元8世纪才趋于稳定，成为拿波里公国的首府，一直持续到公元11世纪。公元12世纪，拿波里被西西里王国吞并，随后陆续被德国、法国和西班牙人统治。1279—1282年，拿波里的统治者、来自法国的安吉文家族修建了这座具有浓郁法国风格的城堡，如果你去过卢浮宫的地下一层，会记得那里有一座早期卢浮宫的建筑模型，圆柱形的巨大碉楼和高大森严的城堡，形制与新堡如出一辙，事实上，卢浮宫也是始建于公元13世纪的王家城堡，与新堡仿佛同时代的孪生兄弟。

西班牙统治时期，新堡的主人换成了新的统治者——西班牙阿拉贡王国。公元15世纪，新主人不甘寂寞，按照当时盛行的巴洛克风格对新堡进行了部分重建，尤其是正门那一段。我们在拿波里港看到的是新堡的背面，它原本是临海的，码头的修建使它离开了海岸，变成了陆地建筑，看上去也不如历史图片上那么宏伟，700多年来，它的建筑风格渐渐地变成了各种流派的复合体，这不仅仅是建筑意义上的历史痕迹，也是这座城堡的身世所承载的真实的历史。

从拿波里港去卡布里岛（Isola di Capri）的船票为15欧元，船在海上向正南偏西一点的方向驶去，预定行程1小时20分钟。天气

从拿波里港看新堡

很不错，蓝天白云的，风也不大，但船颠簸得很厉害，船员拿着塑料袋送给晕船的人，左右前后不时地有人跑去卫生间吐。船公司多少也有些责任，这是游客的船，他们把船开得飞快本意是为游客节省时间，但多少缺了些人文关怀。

卡布里岛

此前对卡布里岛的概念只停留在书本上，知道它"梦幻之岛"的美名，有号称天下奇观的"蓝色洞窟"，晴天时洞内的海水呈现出高贵的品蓝色。凡此种种，都像是旅游推广书上的套话，不足以信，倒是一个历史纪录更有说服力些，说奥古斯都大帝本来拥有的是伊斯基亚岛（Isola d'Ischia），位于卡布里岛的西北方向，面积大约是卡布里岛的五倍，也是个气候温婉、四季如画的美丽去处。然而奥古斯都大帝第一次踏上卡布里岛，就做出了一个决定，用伊斯基亚岛换取卡布里岛，并且在此定居十年之久。船快靠岸时，我看到这里的海岸并没有什么特别的地方，海水很蓝，植物绿得很清新，港口的房子五颜六色，所有的一切都有很浓郁的色度。我更希望在它鲜艳的皮肤下，有其他吸引全世界游人的理由。

船到岸，靠在船舷边等下船，不经意间回望地中海，心中怦然一动，只见蔚蓝色的海与天空之间，一艘小型游艇在水面上悠然飘荡，高高的双桅挺立，伴着隐隐的涛声，一切都归于宁静，仿佛刚才的波涛汹涌和浪尖晕眩都是自己的错觉。这明明是一幅似曾相识的海上风景画，仿佛见过很多次，然而身临其境，仍然有些不能相信自己的眼睛，这大约就是所谓的"亦幻亦真"吧，当天空澄净到水晶一样的清澈，当流云变幻出成百上千种不同灰度的白色，当海水如浸湿的蓝丝绒一般律动并闪烁光芒，还能有什么选择？在心旷

神怡的凝视中赞美造物主的天工造化吧，或许还可加一些小小的嫉妒，为自己只是游客，而不是画中人。

卡布里岛近岸停泊的游船随波轻摇

  卡布里岛的码头像一条狭长的便道，一艘船到岸，就被下船的乘客挤得熙熙攘攘。紧接着码头的是一片商业区，餐厅、小卖店、小时装店一家挨着一家。附近小广场有一间露天咖啡店，在这里稍事休息。殷勤的跑堂此时早已候在一旁，帮着我们点了些喝的就知趣地隐身了，留下我们边喝边看风景。这是个热闹中宁静的角落，周遭当然熙来攘往，但是人一落座，心就随之安静，眯上眼睛沐浴在地中海的阳光下，好生惬意。这是典型的旅游区，民居大都整饬一新，色彩艳丽而又浓烈，和法国看见的各色优雅相比，这里有一种大俗之美，和那些著名的风景名胜相比，这种市井风情丝毫不逊色。

休息过后来到海边的公交车站,一条蜿蜒直上的公路直通山顶的安纳卡布里(Anacapri),是卡布里岛最吸引人的去处。抬头望去,山形直上直下,山坡边缘的房子就挤在有限的那一小块空地上,凌空凸起,依山而建。房子并没有因为地势的险峻有半点马虎,正相反,精致得耐人端详。

卡布里岛海岸边的公交车站修建在海岸边的防波堤上,别看车站不大,能去的地方还不少,去往全岛各个角落的公交车都有。这里还是个绝佳的观景台,等车的时候,返身回望大海,犹如天然画卷,等得久一点也不觉得枯燥。

卡布里岛几乎就是一座山,安纳卡布里就在山顶。上山的路说是行车道,实际上就是窄窄的一条,因此,公交车都是特别定做的,首尾不长,身体不宽,车门靠近驾驶员,打开后,右边上人,

卡布里岛海岸边的公交车站也是个看风景的好去处(周小兵摄)

第一天 | 011

卡布里岛上定制的公交车（周小兵摄）

左边下人，售票员端坐在上车口，乘客买了票，从他身边绕一小圈往车厢后边走。座位不多，大多数人都站着，车门一关，惊险一幕便开演了。

通常情况下，车厢里总是满满的人，虽然不至于人挤人，但也松不到哪儿去，真真体会了一把沙丁鱼罐头的滋味。车一启动，第一次乘这种车的人心里必然一惊，因为这车开得太快了，纵使路宽只等于车宽，纵使连续陡坡急弯，纵使灌木不时刮着车厢车窗，司机是全然不顾的，整个行程就是游乐园"疯狂老鼠"的翻版。车窗外的风景还是很美的，一会儿是整个大海，车直冲向前，就快冲下悬崖的当口车身骤然一转又冲向岩壁；一会儿是山崖间优雅的别墅，不但开出一片平坦的庭院，还有绿荫下的室外游泳池，山回路转，大有移步换景之妙。中间还错过一次车，两辆公交车的司机都很娴熟，一个紧贴山岩，一个紧靠另一侧的房子，中速滑行，错过的瞬间犹如脱缰的野马，又撒开了狂奔。

这车开得太凶险了，拿眼睛看瞬间掠过的景色还可以，拍照就

隐身于闹市中的幽静庭院，无不极具独特的艺术氛围

不行了，站稳都很难，哪里端得住相机。好在时间不算太长，也就熬过了，只是下次再来，应该怎么办呢？这么窄的路，这么快的车，步行也不见得安全啊！半小时后，车终于在一小片广场前停下，这儿是维多利亚广场（Piazza Vittoria），安纳卡布里到了。

尽管安纳卡布里的外表已经变得非常商业化，但是徜徉其间，还是能明显感觉到它的两重世界。蜿蜒的街巷里有数不清的店铺，陶艺、布艺、服装、玻璃制品、皮制品等等，琳琅满目，每一家店都能叫人止步，店越小就越是有足够多的原创作品，然而又有些与店铺门面比邻着的深深庭院静谧得令人不可思议，透过铁艺大门只见风景不见人，却又能真切地感受到人的存在，与外面的热闹形成强烈的反差。那是一些生活在闹市中的人家，在这个寸土寸金的岛上，拥有一座隐身在绿荫中的庭院显然是一件极为奢侈的事情，主人们深居简出，正所谓大隐隐于市。

安纳卡布里庭院的主人没有都因为商业的诱惑而将临街的房子改成赚钱的铺面，这些庭院的大门装饰保留着朴实的风貌，例如原始陶罐和陶胎釉面砖拼成的门牌号码，放眼望去，看不到玻璃幕墙、铝合金门窗等现代装修材料，即便如此，也丝毫没有陈旧感，反倒是充满着浓浓的生活气息。只是这样的生活太完美了，人生的追求或许就是在经历了奋斗之后的归隐，恬淡、安静、与世无争，完全掌握自己的命运，闲云野鹤般与世无关。然而当这样的场景真正摆在面前时，又替这些幸运的人感到一丝困惑：当一个人真的可以置身于世外的时候,也就是这个世界有他没他都无所谓的时候,也就是这个世界不再需要他的时候,他真的仍然可以平静面对、终老一生吗?

沿着小街悠悠地逛过去,会看到一座红色城堡,这就是安纳卡布里最有鲜明个性的建筑,它的名字就叫做"红宅"(Casa Rossa)。当地人总会自豪地告诉你,如果有一个名单能列出世界上最与众不同的景致,那里面一定会有这座叫做Casa Rossa的建筑。

"红宅"是安纳卡布里最独特的建筑(高鹏摄)

红宅坐落在安纳卡布里的核心地带,由约翰·麦克欧文将军(General John MacKowen)修建,1876年动工,1899年建成,紧挨着阿拉贡人的防御碉楼。约翰·麦克欧文祖籍美国新奥尔良,在美国南北战争胜利之后来到这里,和一位安纳卡布里的年轻女子住在一起,享受安宁平静的生活,她的名字叫做"Mariuccia

Cimmino"。约翰·麦克欧文显然非常崇尚欧洲文明，他不仅亲自编写了卡布里岛的第一本导游指南，还搜集了大量代表着欧洲文化传统的物品，包括我们看到的镶嵌在这座建筑上的各种古希腊、古罗马建筑构件。

　　红宅是一座充满着奇思妙幻的建筑，那上面所有的古罗马、古希腊遗存本应作为文物保存在博物馆里，现在却和实用建筑融为一体，是何等的奢华和铺张。各个时代、不同类型风格的混搭，看似没有章法和规律，纵观全景，却发现精致典雅、风情迥异的文物铺就在诗一般浪漫的红色墙面上，比起博物馆式的展示一点也不逊色。在建筑师的眼中，红宅是折中主义建筑风格的代表作。折中主义是19世纪上半叶出现的建筑风格，美

红宅的外墙上镶嵌着许多古希腊、古罗马建筑构件

国尤为盛行，它的特征是任意组合或模拟历史上的各种建筑风格，谈不上创新，只求形式美，在这个意义上，折中主义更像是对传统风格崇拜到极点，无法自拔、无法突破所造就的产物，这种风格一直延续到20世纪初才逐步趋弱，红宅正出现于折中主义风格盛行之初，说它是代表作，不如说是先锋作更贴切。这座红色的尤物仿佛一位嚣张的丽人，毫不掩饰自己的富有和智慧，解构、重组、炫色，和我们更为熟悉的西班牙建筑家高迪相比，有异曲同工之妙。而事实上，安东尼奥·高迪生于1852年，1878年获得建筑学学士学位，红宅开工建设时他还没毕业。红宅无法与高迪的辉煌成就相比，但红宅的出现，正是那个时期建筑文化寻求突破的证据之一，而高迪之辈是这一启蒙运动的受益者。

红宅的结构以完全不对称而出名，外形的不对称是精确计算的结果，主要是为了隐藏阿拉贡人的碉堡，内庭院的不对称则是装饰的结果，那里有一座小型古物陈列馆，有古埃及遗存，有古罗马墙砖和马赛克拼花地面的残片，有古罗马及中世纪时代的浅浮雕残件。

看似统一其实多变的窗户造型、内部房间的布局、塔楼的层叠大梁、小巧的穹形圆顶以及逶迤绵延的楼梯坡道，红宅的里里外外无时无刻不在提醒着到访的人们，这里是早期折中主义建筑风格的展场，它和周围的邻居毫无相似之处，在安纳卡布里独领风流，表达着它的第一位主人约翰·麦克欧文先生独特的个性。

正大门的门楣是一件古希腊建筑构件，上面用希腊语刻着"向悠闲之都的公民致敬"，上下端分别装饰着意大利产中世纪风格彩陶板，两侧的门柱则是古罗马风格的，这些尺寸各异的构建可谓经典，它们大都不是本时代的主流，而现实中谁都知道，往往这类冷门的藏品才尤为稀缺，因为可以弥补热门收藏无法记录的时代细节而更显珍贵，可见

红宅内庭院是一座小型古物陈列馆

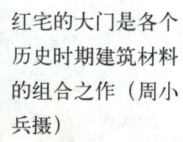

红宅的大门是各个历史时期建筑材料的组合之作（周小兵摄）

约翰·麦克欧文先生的眼光非常独到。最终的组合效果令大门有了些拜占庭风格的影子，如果仅仅是一眼掠过，很难发现其组合设计的奥秘。

中午用餐的地方是一家名字叫做"Due Pini"的小饭店。维多利亚广场上边有一片红白交错的宽敞台阶，左手边就是Due Pini餐厅，虽说小，历史却不短，开业于1950年。安纳卡布里公交车站就在旁边，出租车排队处也在这里。从广场出发，步行就可以到达圣·米歇尔教堂，那里以意大利本土陶制品装修而著称；也可以步行前往圣·索非亚教堂，它是安纳卡布里地区的主教堂。在维多利亚广场边还有圣·米歇尔别墅，它曾经是名医兼名作家Axel Munte的私宅。餐厅最明显的标志是屋后二十几米高的百年巨松，光溜溜的树干只在顶端长着茂密的树冠，像天然大伞荫蔽四下。

Due Pini餐厅

午餐是意大利海鲜面。在餐厅的阳光玻璃屋落座，喝水休息的时候环顾四壁，那上面有很多这家饭店的历史照片，60余年间，无数的名流曾在此落脚。与其说名流的到访是这家小店的光辉记忆，不如说是这家小店给了诸位名人齐聚的机会，政治家、企业家、艺术家、演艺明星，他们相携而来，在这个世外桃源般的岛上分享休闲，而Due Pini餐厅阳光玻璃屋的位置恰好适合俯瞰整个广场，连同远处的拿波里湾和港口城市萨勒诺一同尽收眼底。

逛了一上午，大家伙儿其实都有些饿了，面条随着阵阵香气一份一份地端上来，带着诱人的橘黄色，那是海虾、墨斗鱼、蘑菇与橄榄油调制的番茄汁所贡献的色香。新鲜，除了新鲜还是新鲜，人的口感是最挑剔的鉴赏武器，一经入口，迅即折服。Due Pini餐厅一向以地中海美食而著称，每个人都吃的连酱汁也不剩，服务员报以会心的微笑，仿佛一切尽在预料之中。接下来是浓缩咖啡，浅浅一小杯，回味无穷。大家意犹未尽，再要些餐后甜点，服务员推荐的是提拉米苏。

大家都知道提拉米苏有个温馨的故事：二战的时候在意大利，妻子为出征的士兵备干粮，把家里仅剩的饼干、蛋糕、奶油、乳酪、咖啡和酒做成了一个糕点，取名叫做提拉米苏（Tiramisu），意大利语的意思是"充满力量"。提拉米苏的故事被许多商家包装上一层浪漫，在世界各个时尚角落，提拉米苏都在甜品单上赫然在列，端上来的却是什么样的都有，真正的提拉米苏却几乎看不到。Due Pini餐厅是个例外，侍应生送来的提拉米苏呈三角形，厚约8公分，可以清楚地看到三层马斯卡彭（Mascarpone）乳酪蛋糕夹着两层咖啡色手指饼干（lady's finger），最上面洒着一层薄薄的可可粉，吃到嘴里，蛋糕口感绵软之极，手指饼干泡过浓缩咖啡（Espresso），留着些韧度。没有一丝香精的异味，你的舌头能够明显地分辨出新鲜鸡蛋、鲜奶油和马沙拉酒（Marsala，一种出产于意大利西西里岛的白葡萄酒）的香味，手指饼干吸附的咖啡香味，马斯卡彭乳酪特有的香味以及烘焙可可豆磨成粉之后溢出的醇香，这些都是对的，包括刚端上来时提拉米苏微凉的"体温"。

士兵的妻子在匆匆之中大约只可能将饼干在喝剩的咖啡中泡一泡，胡乱和剩奶油、乳酪夹在蘸了酒的蛋糕中交给马上就要出发的丈夫，说一声"它会给你力量"，这个名叫提拉米苏的故事最先感动了威尼斯上流社交圈里的女士们，她们的厨师几经琢磨，终于用这些原料形成了日后真正风靡于世的提拉米苏做法：将新鲜鸡蛋的蛋黄和蛋白分别加糖打成蛋泡，鲜奶油亦打至浓稠状，先将蛋黄泡与马斯卡彭乳酪混合，再依次加入蛋白泡和鲜奶油稠浆，再加少许马沙拉酒均匀搅拌成乳酪蛋泡糊。现煮浓缩咖啡，将手指饼干浸泡在里面，泡透但未软烂之前取出。在蛋糕模具中先摊铺一层调匀的乳酪蛋泡糊，铺上一层泡好的手指饼干，再铺一层乳酪蛋泡糊，铺第二层手指饼干后再铺最后一层乳酪蛋泡糊，然后放进冰箱，最好是放过一夜，口感正好，吃之前，用细筛洒上可可粉，再用刀小心分份，就可以上桌食用了。因为是从冰箱里直接拿出来的，所以有些微微的凉。做法不复杂，但用料却特别讲究，规矩的提拉米苏只用马斯卡彭乳酪作原料，严格遵循威尼斯上流社会矫情的规则。

不舍离去的卡布里岛海滨

午餐过后，乘船去索莲托的时间也差不多到了。一行人起身散漫地往广场边安纳卡布里公交车站走过去，等那橘红色的"疯狂老鼠"公交车。因为是中途上车，比来的时候还挤，司机还是一样娴熟地急驰奔行，下山搂不住把，将来时的"疯狂老鼠"变成了回去的"过山车"。20分钟后回到卡布里岛公交车站，又看见了卡布里海滨风景，面对心旷神怡的天然画卷，要和它说"再见"很难，只好相信有同样美的风景在等你，并且相信自己还会再来，否则很难说服自己转身离去。碧海白云天，鱼翔舟自横。见过的大海不可谓不多，但大都灰蓝一片，浪来的时候白沫翻卷，夹杂着潮湿的海腥气。不明白为什么只有在地中海，才看得见这样湛蓝的海水，由浅至深又由深至浅，深浅交错，更有微风徐来，闻见的居然是森林中一般沁润肺腑的清新。

索莲托

去往索莲托的船要平稳得多，时间也不长，大可放松心情欣赏地中海的浪起云涌。海水像一堆巨大的蓝莓果冻，拥挤、摇晃、碰撞，船的航迹犁过，留下浅浅的划痕。

《重归索莲托》（Torna a Sorrento）的歌声在耳边回响，那是此前记忆中对这个地方唯一的印象，歌中说：

看那海浪轻漾，心中无限欢畅，旖旎风光令人向往，花坡春水路满香。
看那果园金黄，蜜橘披满坡上，传来阵阵芳香，心中充满阳光。
但是你对我说再见，从此远离我身旁，离开你可爱的家乡，永远留在远方。
请别抛弃我，别再令我悲伤，重归索莲托，快回到我身旁！

这首歌的作曲者是意大利人埃内斯托·德·库尔蒂斯，歌词是他哥哥詹巴蒂斯写的。他一生的作品颇丰，大都是拿波里民歌风格的艺术歌曲，《桑塔露齐亚》也是他的作品，还有我们熟知的《玛丽亚》。他曾经为同时期著名的意大利歌唱家、世界十大男高音之一吉利担任钢琴伴奏，在世界各地演出，这些歌大都是写给吉利的。不过，《重归索莲托》的歌词听上去总有些女子口吻，召唤浪子归家，深情款款，没去过索莲托的人很容易因此把它想象成宁静的山村。船近索莲托港，就发现这里不是小村。事实上索莲托（Sorrento）是一座海滨市镇，坐落在索莲托半岛的北岸，距拿波里的地面距离不过50千米。如若回到罗马时代，索莲托倒还是很有些田园风光的，耕地和果园伸入大海，遍植橙子、柠檬、橄榄和葡萄，和歌中的描述非常接近，眼下仍保留盛产柠檬和柑橘的传统。

索莲托的拉丁文名字"Surrientum"有些诡异，那是希腊神话中一群女妖的名字，她们擅长用勾魂引魄的歌声将过往的船只引向暗礁。据说希腊英雄奥德修用木马计攻克特洛伊城以后，回国途中路经这里，用蜡丸塞住船员和士兵的耳朵，让他们听不到歌声，然后让士兵们把他自己紧紧捆绑在桅杆上，只为听一听那传说中要人性命的歌声。途中他受到歌声的诱惑几次想要命令船驶向歌声，都被士兵们制止，最后终于和大家一起安全离开，而女妖们也因为魔法失灵，全都幻化成岸边的岛礁，永远留在了索莲托海岸。我们的船也是被她们勾引来的吗？

索莲托港是一个小广场，花团锦簇，一辆水果摊车横在广场边，摊主身材肥硕，长相精明，一看就是专做游客生意的老手，见到我们过来就打招呼，过后娴熟地展示硕大的柠檬、橙子和葡萄，喉咙里哼着耳熟的意大利民歌。邀请他拍照，也一点不扭捏，来者不拒，爽快的性格彰显无遗。

原本说好朱赛佩开车沿陆路从拿波里到索莲托港接我们，他人倒是到了，但是因为索莲托市中心刚刚发生了严重车祸，警察封锁了出事路段，朱赛佩的车被困在封锁区的另一边，我们决定穿过市中心走过去。说是走，实际上是爬山。索莲托坐落在海边的礁石群上，海岸陡起，有多处悬崖峭壁，虽化作市镇，地貌却依然故我，颇有些山城的味道。走过一段盘山路，两侧山岩壁立，青石小方块铺成的路面上有一层湿润的水气，空气中弥散着树叶的清香。路灯是新古典主义风格的，带着一点点巴洛克的印记。路的尽头是一处高达50米的悬崖，沿宽敞的步道台阶拾级而上，走得快的人向下边的人招手，下边的人已经小得像是蠕动的昆虫。

登上步道台阶的尽头，眼前豁然开朗，这里是塔索广场（Piazza Tasso），索莲托的心脏。广场的名字塔索（Tasso）来自于索莲托的骄傲、著名诗人托尔夸托·塔索（Torquato Tasso），他是索莲托人，1544年出生于此。塔索从1565年起担任费拉拉城邦伊斯特家族宫廷诗人，为费

索莲托港盘山路，湿润的青石路面和新古典主义风格的路灯伴随着树叶的清香

拉拉大公阿方索二世服务，在此期间写了牧歌剧《阿曼达》，后来被改编为三幕芭蕾舞剧《希尔薇娅》，这是19世纪法国作曲家德里布的代表作，由路易斯·梅朗特编舞，1876年首演于巴黎。

"配得上创造者称号的，唯有上帝与诗人。"这是塔索的名言，激励过后世无数热爱诗歌的人们，是他对诗人身份无比自豪的写照，也是他安身立命的自律格言。1579年，塔索写成了叙事长诗《被解放的耶路撒冷》，诗中赞美了十字军东征的功绩，赞美了基督教信仰的力量。但是这个作品最终还是召来了天主教反宗教改革派的强烈谴责，塔索因此被迫向宗教裁判所忏悔，并导致精神失常，在精神病院圣安娜医院度过了七年。出院后，塔索漫游四方，生活陷入极度困顿。1594年，塔索回到罗马，教皇克雷芒八世决定授予塔索"桂冠诗人"称号并予以年金，就在1595年准备举行授冠仪式的前夕，塔索与世长辞。

意大利作曲家克劳迪奥·蒙特威尔第（1567—1643年）是文艺复兴与巴洛克两种音乐风格之间的重要过渡人物。1624年，他取材索塔《被解放的耶路撒冷》中的一段，写成了《唐克莱迪与克罗琳达之战》，描写基督教英雄唐克莱迪和伊斯兰人克罗琳达的爱情，双方在战场上头盔蒙面激战，克罗琳达重伤倒地后唐克莱迪才知道真相，最后以克罗琳达临终前被爱情感化皈依上帝升入天堂而告终。

1789年，德国文学家歌德（1749—1832年）根据塔索的经历写成了剧作《托尔夸托·塔索》，借以表达他自己在魏玛宫廷的苦闷和矛盾。英国著名诗人拜伦（1788—1824年）也曾根据塔索的经历写成了诗作《塔索》，这部作品又引起了匈牙利钢琴大师李斯特（1811—1886年）的共鸣，据此写成了交响诗《塔索的悲伤和胜利》。李斯特用《威尼斯船歌》作为代表塔索的形象基本音乐元素，整部作品悲怆而又从容，听这部作品，总是能引起人们对自身命运的思索。

难以置信，托尔夸托·塔索，这个多少有些陌生的名字，居然和这么多文学、艺术大师的名字联系在一起，并且成为他们创作的灵感之源。不是亲身到此，便不会知道，因为一首《重归索莲托》而知名的小镇并是只有田园般景色的慵懒休闲之地，它的背后隐藏着很多历史文明。

环顾塔索广场，周遭的建筑也在告诉我们，索莲托确实是一座历史名城。广场一侧坐落着克利尔宫，另一侧坐落着圣·安东尼诺教堂（San Antonino），它建于公元1000年，16世纪重新装修，因而带有明显的巴洛克风格。教堂大门正对面的广场上有一座塑像，原以为应该是诗人塔索，但事实上那是圣·安东尼诺，宗教的影响力似乎还是更强些，在这个广场上，放眼望去，很难找到塔索

塔索广场边的圣·安东尼诺教堂，圣·安东尼诺塑像位于它大门的正对面（高鹏摄）

索莲托塔索广场边的峡谷谷地有一座古磨房遗址，正被植物渐渐包裹吞噬

的纪念标志。

　　离开塔索广场向一条背街走去，远远地看见了我们的车停在桥头，朱赛佩正在前前后后地仔细打扫着。上了桥才发现，桥下根本没有水，而是万丈深渊。这原本是海岸边的一条峡谷，深不可测的谷底有一座五层小楼，像一座小小的城堡。问过才知道，这是一座古磨房遗址。那里应该很久都没有人去过了，磨房渐渐地被灌木和藤草覆盖和包裹，仿佛正在被自然的"胃"消化着，将要隐入周遭日渐茂密的绿丛。

阿玛尔菲

　　导游说："下一个地方是各位自己选的，我也很喜欢，是阿玛尔菲，路上要一个半小时，建议大家路上不要睡觉，因为我们要路过阿玛尔菲海滨，大家一定会非常喜欢的。"

　　索莲托是阿玛尔菲海滨的起点。由此出发沿索莲托半岛海岸线，一直到阿玛尔菲湾东端的萨来诺（Salerno），这段长约五十千米的海岸被称为"阿玛尔菲海滨"，它不仅仅是整个意大利坎帕尼亚（Campania）区最优美的天然海滨，也是全世界有口皆碑的盛景。

　　从索莲托到萨莱诺，沿途经过十几座美丽的小镇，其中最著

阿玛尔菲海滨的优美需要亲临欣赏

名的有波西塔诺（Positano）、普莱伊亚诺（Praiano）、拉维罗（Ravello）和阿玛尔菲（Amalfi），它们犹如天神洒落的珍珠，被拉塔里山脉（Monti Lattari）串起，山形峭立，悬壁险峻，沟崖纵横，随蔚蓝的地中海绵延起伏，引无数历史人物在此驻留，山间海滨处处，留下了他们曾经的印记。

小镇拉维罗是一座以众多别墅而著称的山间小镇，海拔350米，鲁菲洛别墅（Villa Rufolo）、希波乃别墅（Villa Cimbrone）的名字耳熟能详，它们各自拥有美丽的花园和露台，与许多历史事件连在一起。乔万尼·薄伽丘选择小镇拉维罗作为《十日谈》故事里的背景之一，作曲家理查德·瓦格纳和爱德华·格里格在这里写下了不朽名作《帕西法尔》和《培尔金特》。阿玛尔菲海滨以它的天然魅力见证了无数历史文化人物的到访和依依不舍，每天的窗前都有

阿玛尔菲海滨的峭壁下和峰峦间都有引人入胜的闲在生活

美丽的风景，流云飞渡，霞光潋滟，大自然真的可以如此优雅，叫人流连忘返。

尽管历史是如此的热闹，阿玛尔菲海滨并没有被搞得一片喧腾，它的绝大部分地带都一直保持着原生态，没有居民，没有建筑，没有庄稼，没有任何人为的扰动。山谷与海岬辉映，果园与原生物种并存，丰富的人文历史加上保存完整的自然环境，没有什么比这样的组合更能赢得世人的目光，阿玛尔菲海滨当仁不让地进入了联合国教科文组织的世界自然遗产名录。

经过波西塔诺（Positano）的时候，车在路边的休息站停了一会儿，远眺这座小镇，仿佛童话世界。据说，波西塔诺是因为天神海王星爱上了美丽少女帕斯提亚（Pasitea）才有的，整个小镇建在层层山崖和梯田间，洁白的建筑与其说是散落在海岸边的山坡

流云与霞光掩映下的
阿玛尔菲海滨

上，不如说更像是瀑布，一路流淌着直到与地中海亲吻，被精巧的小海湾紧紧地抱在怀中。帕伯罗·毕加索、伊丽莎白·泰勒、葛丽泰·嘉宝、亨利·易卜生、索菲亚·罗兰、查尔斯·狄更斯以及当年最著名的拿波里男高音歌唱家恩里科·卡鲁索，还有更多，他们都曾在此流连盘桓，据说不光是因为美丽风景，还因为波西塔诺集中了许多衣帽鞋定制小店，所代表的波西塔诺风格总是标新立异而又无限优雅。时间有限，我们与波西塔诺匆匆擦肩而过，没能来得及游走其间，成为此行的一大遗憾。不过，童话的世界，也许更适合一个人梦游前往吧。

在这个休息站有个卖水果的临时摊位，夫妻俩经营，看上去都是纯朴的本地农民，一眼就能判定是男主内、女主外，男人一直忙着不太说话，只是用憨厚的表情向客人打招呼，女人则要开

波西塔诺是个适合独自梦游的地方

阿玛尔菲海滨卖水果的本地农妇和她用的黄铜杆秤

朗得多，说话、手势都像极了豪爽的中国北方大妈，男人和女人唯一的共同点，就是眼神中没有丝毫生意人的狡黠。他们用的秤引起了我们的兴趣，乍一看，和多年前流行的杆秤很像，仔细看，则完全不同，我们的是木杆、铝秤盘、铁秤砣和麻绳，这里的则是全部黄铜制造。见我想拍照，女人不等我说话，立即抓起秤来挂上两只苹果大的柠檬，对着镜头任由我拍，拍完之后笑笑，继续忙她的生意。作为回报，我们买了他们家的现榨柠檬汁，说心里话，从来没有喝到过如此酸甜恰到好处的柠檬汁，并且新鲜到闻得见柠檬树干的清香，这种阿玛尔菲海滨的特产柠檬有自己的名字，叫"sfusato amalfitano"，拥有"PGI"（Protected Geographical Indication，地理保护区标志）。

　　车继续在风景如画的阿玛尔菲海滨疾驰，目标是阿玛尔菲镇。这时候，车厢里响起了一首优美的歌，那是意大利女歌手萝拉·普西妮（Laura Pausini）演唱的《Mi Rubi L'anima》。似乎没有别的歌声更适合这样的风景和心情，随着窗外不断变换的景色，仿佛在看配了音乐的风景纪录电影。阴晴转变只在一瞬间，天际的云雾越积越厚，伴随我们在阿玛尔菲海滨穿云破雾，车窗外雨水时有时无，从来没见过这么调皮的雨，它似乎专为和我们逗趣而来。车随山路到高处，在雨雾中前行，路边的教堂和住宅在潮湿的云雾中时隐时现，车到山谷，又看见天边浓云翻卷，像极了水墨画的色调，只有云隙射下的一缕阳光在提醒我们，这是典型的地中海风景。

来到阿玛尔菲，这座小镇是阿玛尔菲海滨沿线最璀璨的明珠。在城外停车场下车，外面的霏霏细雨已经变成淅淅沥沥的雨线，路边的露天咖啡座遮阳棚下挤满了匆忙避雨的人群，看来，这里的雨刚下不久，好像是我们带来的。街心小花园里的喷泉仍在雨中喷涌，一对少男少女的塑像位于喷泉中央，他们天真无邪地共用一把伞嬉戏前行，雨水顺着伞沿流下，给这座古镇带来一些轻松气氛。

阿玛尔菲镇停车场的少男少女持伞嬉戏喷泉

阿玛尔菲镇曾经是贸易和航运繁盛的独立王国（高鹏摄）

圣安德鲁塑像位于阿玛尔菲镇中心广场的一侧。广场上摆满了供人休憩的座椅，因为下雨才空无一人（周小兵摄）

公元前4世纪，罗马人建立了阿玛尔菲镇，公元893年独立，成为阿玛尔菲海洋共和国。由于地理位置优越，阿玛尔菲与东方开展了广泛的贸易活动，在地中海各主要港口设有专用码头，并建立了运力非凡的船队。如果有机会从海上远眺阿玛尔菲，会看到屹立在钴蓝色大海边的绝壁、白色别墅以及大片茂密的柠檬树和橄榄树林，它们共同构成了阿玛尔菲的主色调。

公元10世纪和11世纪曾经是阿玛尔菲海上运输的鼎盛时期，有无数辉煌的建筑，不幸的是其中的绝大部分以及阿玛尔菲港都在1343年11月的海底地震中彻底毁坏了，目前看到的都是后来重建的样貌。城市中心区有一部分依山而建，每座建筑几乎都有宽敞的露台。一年四季都温暖的海洋性气候，空气清新而温润，雨过天就晴，这样的地方有大大的露台是最合适不过的生活方式。

走进阿玛尔菲镇中心广场，迎面就看见了著名的圣安德鲁教堂（Duomo di Sant'Andrea）。雨还在下，广场上几乎空无一

宝蓝色玻璃杯专门用来盛柠檬冰淇淋

人，不难想象，当响晴薄日的时候，广场的每个座位都被人坐满，是一种怎样的景象。感谢天赐，让我们在雨中到此，独享另一种宁静。

　　在圣安德鲁教堂对面的冷饮店歇息，秀气的服务生已经殷勤地扫去椅子上的积水，调整好雨棚，等着我们过去。早就听说过意大利的冰淇淋全世界第一，香草是传统型的，巧克力适合喜爱经典甜食的人，椰子则带有海洋风情，这几样都吃了，味道确实不错。还特别要了一款柠檬冰淇淋，盛在宝蓝色玻璃冰淇淋杯里端上来，呈白色半透明糯冰状，软硬适度，闻着有柠檬香。和前三款不同，里面没有奶油、淀粉和鸡蛋，入口酸甜浓郁，清爽幼滑，沁人心脾，没有一般冰淇淋的甜腻感，别有一番风味。

意大利美女靠着冷饮店旁调料铺子的门口等人（高鹏摄）

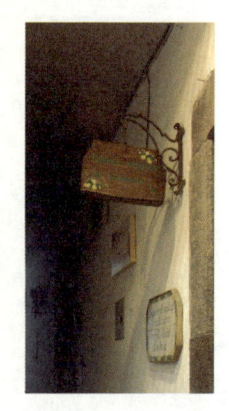

柠檬制品专卖店招牌

隐身在阿玛尔菲镇广场后巷里的柠檬制品专卖店（周小兵摄）

和这家冷饮店并排着的还有很多小店，卖什么的都有，比较有特色的是当地土特产品，比如像一种叫做au naturel的干酪，当地人说放在柠檬树叶上烧烤口感最好；还有各种意大利面，有加了胡桃的，有拌了墨鱼汁的等等；各种调料也应有尽有，瓶瓶罐罐好几大排，不要说买，搞清楚都是干什么的就不容易，有许多都闻所未闻。不过商家有很简单的办法，鼓励客人自己打开包装闻一闻、尝一尝，碰上喜欢的味道客人自然就乐意买的。

广场后巷背静得很，一家店门口有块小巧的木质招牌，上面写着Fabbrica artigianale del limoncello，意思是纯手工柠檬制品，一进门真傻眼了，琳琅满目一大屋子，所有的东西都是用柠檬作原料的制品，有香水、浴盐、香皂、润肤露，还有柠檬树枝做的镜框和小装饰品，食品有巧克力、胶姆糖、果酱、意大利面、饼干、调料，最特别的是一种柠檬甜露酒，是从柠檬皮中蒸馏得来的，非得用阿玛尔菲海滨出产的柠檬才行，是典型的本地特产，作开胃酒或餐后酒都行，冰镇饮用最佳。店主人是一位美丽少妇，彬彬有礼，

静谧的阿玛尔菲中央广场后巷藏着一些看似平常的专卖店

笑容可掬，英语标准而流利，你不问她就不说话，安静地让客人自己挑选。这是此行遇到的唯一的柠檬制品专卖店，真要是错过，就没处找补了。

后巷里是另一样风景。虽然离广场只有几十米，商业气氛就少了很多，静谧而优雅，小巧的专卖店星星点点地分布着，大都是熟客往来，这样的店不需要开在大街上。熟客却不见得是本地人，全世界各地什么样的闲人雅士都有，他们会定期到阿玛尔菲来，看自己喜欢的风景，去自己熟悉的店，就像是老朋友之间时常地走动。这种生活不见得比别的方式更昂贵，更多的是一种生活态度。而这些专卖店也就这样低调地、不温不火地开着，与它忠实的客人一起过生活，对他们来说，时间并不意味着变迁和老去，时间越长，传统越深厚，生命的韵味更绵长。

回到广场，雨渐渐地小，见一群圣方济

雨中独自走过阿玛尔菲广场的圣方济各修士

阿玛尔菲镇中心广场的圣安德鲁教堂
（周小兵摄）

有拜占庭风格的圣安德鲁教堂门厅回廊（高鹏摄）

各修士走过。他们穿着深咖啡色及地长袍和同色风帽，腰间简单地扎一条白绳作腰带，赤脚穿皮凉鞋。白绳长及膝下，和长袍一起随修士的步幅飘动，风帽下露出各种不同表情的脸，有的平和如相熟的同事，有的睿智像学者，也有的冷峻，惨白的面色露出微微的忧郁。这是一群游走在宗教边缘的人，据说他们相信以安贫乐道的方式传教，并崇尚节俭，崇尚自然、简单、朴素的生活方式。

修士们大约是从圣安德鲁教堂过来的，这座地标性建筑位于宏大阶梯的顶端，正立面上镶嵌着色彩鲜艳的马赛克，通体遍布十字标志，最高处是贴了金箔的马赛克彩绘，内容是耶稣和十二门徒，上面覆盖着的黄绿相间的陶瓦，具有浓重的阿拉伯风格，高高的钟楼位于教堂的左边，俯瞰着雨中的台阶，行人寥寥。

圣安德鲁教堂始建于公元9世纪，为纪念耶稣的门徒圣安德鲁而建，现存建筑是1203年重修的。入口拱形门廊不同于在欧洲常见的哥特式或巴洛克式，而是中世纪的拜占庭风格。君士坦丁堡就是现在土耳其的伊斯坦布尔，公元前660年，希腊人在那里依山筑城，取名"拜占庭"，公元324年，罗马帝国君士坦丁大帝从罗马迁都到拜占庭，更名为"君士坦丁堡"，因为这段历史，拜占庭建筑风格在欧洲大行其道。圣安德鲁教堂廊厅的结构和装饰构件带有古希腊建筑的元素，石质尖顶大漏窗和廊厅内黑灰与牙红色块交错的墙地面装饰令人联想到阿拉伯，其实，拜占庭风格源于西亚，带有阿拉伯风格是非常自然的事，在古希腊建筑风格登峰造极的阶段，拜占庭之风当然非常清新。

青铜大门呈现鲜艳的绿色，它是公元11世纪君士坦丁堡的产品。大门的顶端上有两幅画，上面一幅是圣母玛丽亚，下面的一幅是马赛克拼镶圣安德鲁身背十字架，这两幅画的人物造型谨慎，表情凝重，色彩艳丽，是文艺复兴之前的中世纪绘画风格。岁月流转，留在圣安德鲁教堂身上的拜占庭风韵仍清晰可辨。

走进圣安德鲁教堂，仿佛走进了神圣殿堂，这是到意大利之后进入的第一座大教堂。和此前去过的所有教堂比起来，这座教堂给人的第一印象就是规范，两列高大的廊柱展示着宗教的威严，宽敞

圣安德鲁教堂门厅回廊

圣安德鲁教堂的主礼拜堂

的主礼拜堂空灵而又隐秘，无论行走在哪个角落，都好像被无所不在的天神注视，叫人身心无处躲藏。长而宽阔的天顶不是哥特式常见的曲穹形，而是一整块平面，细密繁复的曲线将其分割为三个大藻井，每个藻井内都是一幅罗马神话故事场景。

圣安德鲁教堂的主祭坛位于主礼拜堂的最里面，完全用不同质地的石材建造，色彩以深红、花灰、栗棕和石膏白为主，半球穹顶上的彩绘依旧色彩艳丽，人物形象生动柔和，哀怨、欢欣、悲悯、感恩，情绪的流露都栩栩如生，显见文艺复兴时期绘画的影子。祭坛前方的耶稣蒙难十字架的雕塑，则明明白白地提醒外来者，这是一座天主堂。

圣安德鲁教堂的规范还表现在主礼拜堂两侧廊柱后面的小礼拜堂，每侧有六个，均匀对称分布。这是一座历史悠长的教堂，时光的流逝给它留下诸多重要印记，这些印记当然都是与宗教有关的纪念，被一一安置在两侧，接受后人的瞻仰和膜拜，这些印记包括油画、雕塑、圣安德鲁墓等，其中最著名而又最神秘的是盛装圣安德鲁遗骨的银匣。从1304年11月29日开始，这座教堂持续发生着一件奇事：教堂中那只保存圣安德鲁遗

圣安德鲁教堂主祭坛

保存着圣安德鲁遗骨的银匣

阿玛尔菲镇的停车场，离开时正值近晚放晴，光影交错，如触手可及的仙境（周小兵摄）

骨的银匣，每当一些特殊的宗教节日中，都会看到所谓的"吗哪奇事"（miracle of the manna），银匣里的圣瓶中会出现一种叫做"吗哪"的液体，据说前来祈祷、忏悔的人越多，圣瓶中吗哪的量也会随之增加。这种超自然的现象为圣安德鲁教堂戴上了一圈神秘的光环，谁也不去追究吗哪的真正原因。

从圣安德鲁教堂出来，天色近晚，却开始放晴，雨云渐渐散去，银红色的晚霞为这座古城披上一层美丽的霓裳。我们今晚还要回到拿波里去，时间再充裕，在外逗留也不能超过朱赛佩的12小时法定工作时限。回到停车场附近，海边山坡上的建筑在夕阳的照耀下呈现耀目的雪白，高大的油松和成片的柠檬梯田散布四周，光影交错，仿佛海市蜃楼般轻扬柔和。但是你还得相信自己的眼睛，这不是虚无缥缈的幻象，而是触手可及的仙境，置身其中，很难自抑，忍不住又多盘桓些时候，害得朱赛佩频频看表，却又没奈何。

回程中一片安静，谁也不想说话，因为外面的景色太美了。

天光将暗的阿玛尔菲海滨，在沉睡前先将人们全都迷醉了

中午从索莲托去往阿玛尔菲，如果说那时看到的阿玛尔菲海滨如同不断展现的新鲜画卷令人目不暇接，那么回程就如同一次额外的恩赐，让我们有机会重温美景。天色愈加暗淡，海边的风云变幻更加迅疾多姿，给一样的山水披上了不一样的光和影，沿途充满了似曾相识却又陌生新奇的风景。原以为这样安排走重复的路线是一种浪费，但事实上，每个人都为此沉醉并庆幸。

  下了山间公路来到高速公路入口，开进没多久就看见一个分叉口，一边写着拿波里（Napoli），一边写着庞贝（Pompei），这就是那座被火山吞噬的古城？那么近！导游说，我们明天要去那里。抬头往前看，维苏威火山又在不远处现身。虽然只是一天的行程，已经和它见面几次了，这也难怪，我们几乎忘了自己是在意大利南部的拿波里。第一脚便踏进了这块被人称为"集美丽与邪恶于一身"的土地，开开心心地玩了一天，只看见了美丽，忘记了它的邪恶。

第二天

今天上午在拿波里城内游览，下午去庞贝，然后驱车去往罗马。又是一夜微雨轻扬，早晨的拿波里依旧浸润在湿唧唧的空气里。昨天只在城里走过，直接去了外岛，今天要认认真真花上半天时间来领略这座古城的风貌。

蛋堡

第一站去"蛋堡"。昨天在拿波里港口见到了新堡（努奥波城堡），今天则把车停在了桑塔露齐亚港海滨大道（Caracciolo）上，对面就是马加里德（Megaride）岛，一座长桥连接陆地与孤岛，岛上伫立着一座城堡，这就是拿波里的另一座古堡——蛋堡，它的意大利名字是Castel dell'Ovo（德洛沃城堡），与努奥波城

从海滨大道远眺蛋堡，马加里德岛与陆地的距离其实很近

堡共负盛名。它不仅有巍峨的高墙和塔楼，内里还有萨尔瓦托莱教堂，以内部的后拜占庭风格壁画著称。

一座见棱见角的城堡，为什么叫"蛋堡"？据说名字的由来与诗人维吉尔有关，他是诗人，也是被认为法力无边的男巫。传说中，维吉尔将城堡的一个重要支撑点放在了鸡蛋上，鸡蛋破碎就意味着城堡坍塌，蛋堡的名字由此而来。公元前7世纪，库马人首先登上马加里德岛建立了拿波里城的前身帕尔特诺贝（Partenope），古罗马时期又修建了Lucio Licinio Lucullo别墅，后出于防御目的建成城堡。随着拿波里统治者的更迭，城堡曾被炸毁、重建，也曾多次整修，12世纪做过要塞，17世纪做过监狱，现在的蛋堡则成为面向公众开放的场所，举办各种展览和国际会议。

沿着海滨大道继续前行，到皇宫对面下车，近距离参观这一带几座有代表性的建筑，有拿波里皇宫、圣卡洛歌剧院（Teatro San Carlo）、保拉圣方济各教堂（San Francesco di Paola）及

一座长桥连接陆地与孤岛，岛多大，蛋堡就有多大

远看拿波里皇宫，不像是400年前的建筑

公民投票广场（Piazza del Plebiscito，又名普勒比西特广场）、新堡（Castel Nuovo，努奥波城堡；昨天见到过）以及翁贝托一世长廊(Galleria Umberto I，又称十字街)。

圣卡洛歌剧院

从海滨大道沿着宫墙走，一拐弯就是著名的圣卡洛歌剧院，它和皇宫紧挨着，几乎就是皇宫的一部分。其实皇宫二楼原本有一座皇宫剧院，但是波旁王朝的卡洛·波旁（Carlo di Borbone）国王仍然动议修建这座歌剧院，并以自己的名字命名，1737年11月4日正式落成，与米兰斯卡拉歌剧院、威尼斯凤凰歌剧院并称意大利三大歌剧院，而且圣卡洛歌剧院是其中建成最早的一座。自竣工以来，几乎从未中断演出，即使是1816年遭遇大火，也只用了6天就抢修完毕，重新开演。古典音乐大师巴赫、罗西尼和贝尔尼尼都曾在此多次演出。时至今日，它仍然是可以呈现完美歌剧演出的剧场，音响效果绝好，堪称历史建筑生命常青的奇迹。圣卡洛歌剧院是个神奇的地方，历史上的那些音乐大师曾经登临的舞台、坐过的

圣卡洛歌剧院的外墙上镶嵌着精致的白色石刻浮雕，轻歌妙曼，舞姿飞扬

座位、用过的休息室都保留着,他们的气息在这里也是那样真切,似乎一抬头,就会见到他们的身影。这样的氛围得以永恒,不能不说也是奇迹。

然而圣卡洛歌剧院的外貌并不像它的声名那样辉煌,剧院正面只是石块砌筑的五个拱门,上面镶嵌着精致的白色石刻浮雕,轻歌妙曼,舞姿飞扬,剩下的就只有灰色的石墙,平淡而低调。只有走进内部,才看得见它以豪华著称的内部装饰,尤其是六层看台上的皇家包厢,金色的绸缎彰显着与众不同的庄严。

拿波里皇宫

紧挨着圣卡洛歌剧院的就是拿波里皇宫。红色的宫墙,那种红带着一点金黄的色韵。西班牙统治时期,拿波里王初建皇宫,1600年落成,是当时著名的设计师多米尼克·冯泰纳(Domenico Fantana)的作品,此后近400年间,拿波里的统治者渐次更替,

拿波里皇宫现在对公众开放,本身就是一座集建筑、装饰与收藏于一身的艺术殿堂

直到1946年最后一位萨沃依国王离开。随着主人的变换，皇宫经历了无数次整修改建，各个历史时期不同建筑装修风格都在这座宫殿里留下惊艳之笔，宫内的家具、陶瓷器、壁毯、绘画等艺术品亦异彩纷呈，还有1925年在宫内建成的国家图书馆，收藏有珍贵典籍，现在整个拿波里皇宫都对公众开放。

19世纪末，拿波里皇宫的正面宫墙上出现了8座巨型塑像，是曾经统治拿波里的最重要的8位君王，分别是诺曼底的鲁罗杰（Ruggero）、斯瓦比亚王朝的费德里克（Federico）二世、安吉文王朝的卡洛一世、阿拉贡王朝的阿方索（Alfonso）一世、奥地利帝国的卡洛五世、波旁王朝的卡洛三世、拿破仑王朝复辟时期的约阿希姆·穆拉特（Gioacchino Murat）和末代萨沃依王朝的维托里奥·埃马努埃莱（Vittorio Emanuele）三世。这真是一种奇特的文化现象，八位君王的塑像缩写着拿波里的历史，也为一段历史划上了句号。走过他们身边时，免不了被各自异样的神情所吸引，有

拿波里皇宫正面宫墙上的巨型君王塑像

几位的容貌睿智而宽容，有的则带着些文艺青年的风采，我称之为"巴洛克式的微笑"。

波旁王朝统治时期，在皇宫的东侧增建了皇宫御花园，园内奇花异草，引路人驻足，只可惜铁门紧锁，只能通过铁栅门粗粗观赏，目力所及之处，皆安宁静谧，唯有间或落在枝头的鸟儿发出自由自在的鸣响。在花园中踱步的鸟儿是不出声的，它们习惯了没有人打扰，走在甬道上，从容不迫。

皇宫御花园安宁静谧

保拉圣方济各教堂和公民投票广场

拿波里皇宫的正对面是保拉圣方济各教堂（San Francesco di Paola），教堂两边有优美的弧形回廊，与皇宫之间的空地形成了一个半椭圆形广场，这就是著名的公民投票广场(Piazza del

Plebiscito)。保拉圣方济各教堂由费迪南一世建造,意在庆祝结束拿破仑的统治,当然从宗教意义上讲,这座教堂是为"最小兄弟会"(Minims)创始人"保拉的圣方济各"修建的。白色大理石圆形大屋顶是它最明显的标志,椭圆的两个焦点上各有一座青铜骑士塑像,分别是卡洛三世和费迪南多四世,卡洛的塑像出自大师卡诺瓦(Canova)之手。"公民投票广场"名字源于1861年10月,当时意大利南方全民公决,决定加入意大利王国。相对于欧洲大部分城市的广场而言,这确实是一座大广场,但是这儿并非一直是优美的去处,尽管它位处皇宫和教堂之间,并且看得见火山、大海和港湾、城堡,很长一段时间内,这里是拿波里公交车枢纽和公共停车场,拥挤、肮脏、混乱,历史景观破败不堪。到了1994年,借着西方七国首脑会议在拿波里召开的机会,意大利政府对拿波里实施了一次大规模旧城保护工程,公民投票广场作为七国首脑会议的主要场所而受到格外重视,恢复了昔日容颜。当然,并不是说,拿波里的文物保护都做得很好,其实,拿波里老城区原本的特色是中世纪城市格局,然而自近代以来,这个格局不幸消失,只有单体建筑得以保存,也是一种遗憾,好在即使如此,拿波里还是古风犹在。

保拉圣方济各教堂双臂长舒,将公民投票广场拥入怀中

翁贝托一世长廊

离开公民投票广场，我们前往不远处的翁贝托一世长廊（la Galleria Umberto I）。这是一个非常奇特的建筑群，先从名字说起。对英语比较熟悉，那就先把意大利语 "la Galleria Umberto I" 翻译成英语 "The Umberto I Gallery"，其中的Gallery，通常中文都翻译成 "画廊" 甚至 "美术馆"，直到去了法国卢浮宫、凡尔赛宫和摩纳哥皇宫，才知道 "Gallery" 并不是画廊，而是指所有带顶的通廊。早期的画作通常是挂在各种各样的通廊中陈列的，久而久之，"Gallery" 就成了 "画廊" 或 "美术馆"，所以很多资料上翻译 "la Galleria Umberto I" 成 "翁贝托一世画廊"、"翁贝托美术拱廊" 等等，这些都不对，它与美术无关，是一座购物中心。

翁贝托一世长廊大门的外檐处还有精美的塑像，第一次到这里的人，很难想象如此精美的建筑是一座购物中心，而不是宗教或政治场所。在圣彼得堡见到过用贵族豪宅的一间社交舞厅改建的食品商场，看上去总觉得有点可惜，因为商场本不至于如此豪华的，然而翁贝托一世长廊却是建造伊始就是商业场所，如此耗费财力人力，个中缘由耐人寻味。

翁贝托一世长廊与绘画无关，是一处以带顶通廊为特征的建筑群

翁贝托一世长廊建造的时候，建筑的风潮已经不再是豪华的巴洛克，人们更倾向于撷取文艺复兴以来各个历史时期的经典，加以巧妙的组合，称作新文艺复兴装饰风格。翁贝托一世长廊的大门口有宏伟的门廊，高大的廊柱秉承古希腊风格，廊厅顶部镶嵌着精致的浮雕，是一种叫做卡波迪蒙特（Capodimonte）的陶瓷，那是意大利最著名的冷瓷艺术品，完全手工制造。无论是哪个时期，一件小小的卡波迪蒙特冷瓷塑作品都弥足珍贵，如此庞大的建筑装饰，确实是极尽奢华。

翁贝托一世长廊是一座豪华的购物中心，大门外檐如宫殿般气度非凡

称这组建筑为"长廊"其实也不是很准确的，它实际上有四座四层建筑，呈"田"字形分布，中间自然形成一个十字巷道，所以也叫做"十字街"。在十字巷道的上方被巨大的玻璃顶罩完全覆盖，走在巷道内，是街道却又是室内，悠然踱步，享受无尽阳光。巷道的上方，玻璃顶罩是平躺的半圆柱形，到了十字交汇的地方，玻璃顶罩呈半球形，金属骨架线条在空中交

玻璃顶罩凌空飞架十字街，漫步其间尽享无限阳光

翁贝托一世长廊的大理石拼镶室内地面上，用天然大理石马赛克镶嵌的星相图

错、叠映，形成空中优美图画。要知道，这巷道并非窄窄一条，两侧的建筑更高大伟岸，体量庞大的玻璃顶罩如凌空飞架，叫人不能相信这是1887年的建筑作品。印象中，在莫斯科红场边的大商场"古姆"也有这种玻璃穹顶，只是没有如此这般的空灵和摄人心魄。

翁贝托一世长廊的室内地面是一件完整的艺术品，全部用大理石拼镶而成，光洁如镜，以十字街的中心为起点，形成巨大的花朵，完全是大理石天然的颜色，层层叠叠的花瓣向四处延展，每一片花瓣的中间则别有风景，是天然大理石马赛克镶嵌画，花草图案衬托着一位神或动物，每一幅代表一个星相。

翁贝托一世长廊是一座百年购物中心，玻璃天顶下还有好几家咖啡店，市民在这里聚会，音乐家、美术家和作家把这里当做沙龙，一百多年间，这个大舞台上多少风云人物聚散，不变的是这里如诗如幻的风韵。透过穹顶的阳光与天然的阳光是两种绝不相同的味道，坐在这里，人的面色也变得温柔许多，阳光里不是户外那种清新，而是混合了咖啡和烘焙面包的香氛。我们选了一家咖啡厅坐下，虽然刚吃过早饭，还是忍不住要享受一下这诱人的氛围。这里绝对是个秀场，本地人三五老友围坐，看似聊天，眼睛却都在别的地方，游客并不稀奇，但是游客一旦坐下成了邻桌，他们的目光便立刻汇聚过来，眼神中传递出好奇和友善。我们本想喝咖啡看风景的，不成想自己也是别人眼中的风景。

在这个最传统的地方享用传统的意大利咖啡macchiato应

该是很合适的，叫这个名字的咖啡在不同地域的内涵差异很大。我们在国内认识的macchiato，通常被叫做焦糖玛奇朵（Caramel Macchiato），Caramel 是焦糖，Macchiato 在意大利语的意思是"渍"。在意大利，真正的macchiato只用极小的杯子，浓浓的浓缩咖啡（espresso）上面加一点奶沫，也就是"沾了一小点奶渍的浓缩咖啡"，不放糖最过瘾，行色匆匆的人只需一口喝下，早晨的慵懒便一扫而尽。而我们在国内一般只会看到焦糖玛奇朵，是以牛奶为主加香草糖浆混合成一大杯，用奶沫封杯口，加入一点点浓缩咖啡，再用焦糖在杯口的奶沫上画出网格，分明是"沾了咖啡渍和焦糖的香草味牛奶"。都叫macchiato，东西完全不同，这不是东西方的差别，而是咖啡文化的差别。国内的咖啡饮品都是舶来货，焦糖玛奇朵在美国也是大行其道的。对于有的人来说，什么咖啡都是一样，对于另一类人来说，每一种咖啡都有独特的味觉，可以配合心情去挑选。大家都没错，错在咖啡不识人，不知道谁是知己。

在十字街喝咖啡看风景，自己也是别人眼中的风景（周小兵摄）

　　坐下来浅尝慢啜，让苦苦的香味从味蕾到齿间渐次浸染，时间仿佛静止，慢慢回味。咖啡不是用来喝而是用来聊的，我们是游客，注定只有片刻从容，这个地方，即使再来，再来多少次，都没可能像真正的本地人那样，在每天的日程表上为如此诗意的地方留一杯咖啡的时间。那就……那就稍微多待一会儿吧，让回味多保留些时光。

　　喝光最后一滴咖啡，该离开了。恋恋不舍也没有用，只知道下次有机会还该来。快到大门口时，看见一位红衣黑裙穿拖鞋的妇女，怀抱幼儿坐在台阶旁，孩子的头上缠着白绷带。她只是沉默着，目光向前不看任何人。她是职业乞丐，穿着简陋但干净整洁，不用骇人的形象吸引路人，也不哭天抢地博得同情，她只是安静地坐着，等待施舍。她身后的大理石墙面上布满了混乱的涂鸦，这个场面令人从优雅浪漫的氛围中醒来，直面拿波里的另一面。拿波里是个天使与魔鬼相安共处的城市，当地人虽然不认为拿波里是优雅浪漫之都，但是同样地，他们也不愿意承认这里像小说中演绎得那样，到处充满凶杀和暴力。人们的创造力伴随着自由不羁的天性，造就了这座城市的辉煌，也留给下诸多放任的印迹。

翁贝托一世长廊台阶旁，涂鸦和职业乞丐（高鹏摄）

庞贝

离开翁贝托一世长廊，就此作别拿波里，去往23千米之外的庞贝。朱赛佩心情格外好，车行半个多小时就把我们送到了。下车的地方是一大片极为商业化的旅游服务区，不是简单地沿路设店，而是几乎形成了巷道纵横的街区，专事售卖水果、饮料、烟酒、旅游纪念品等，还有一些餐厅，游人熙来攘往，热闹非凡。

部分发掘的庞贝城边缘，火山灰下依旧掩埋着历史的细节（高鹏摄）

据记载，庞贝在公元79年8月24日那天中午被突然喷发的维苏威火山淹没，毁了这座城市的是炙热的岩浆和巨量的火山灰。在这天之前，庞贝是一座手工业与商业竞相繁荣的港口城市，同时也是避暑胜地，古罗马富豪在此竞相建造庭院别墅，是他们的后花园。发掘结果表明，在这座城市的富人区，豪宅鳞次栉比，为他们服务的大浴场、饭店、酒肆、面包房以及娱乐场所穿插其间。不仅如此，罗马的政治和宗教也延伸到这里，我们去的第一站便是阿波罗神庙，它位于庞贝城的西南部，是一群宏大建筑的一部分，这群建筑包括市政厅、朱庇特神庙、阿波罗神庙以及巴希里卡大会堂等。

庞贝神庙

阿波罗神庙与陶立克神庙一起，被称为庞贝城最古老的圣地。从建筑遗存的特征看，应当始建于公元前575—前550年期间，其布局则是公元前2世纪重新调整后的结果，高大的台基和入口处大阶梯是典型的古罗马风格，而廊柱环绕又是明显的古希腊建筑特征，这座兼具古罗马和古希腊韵味的建筑显示了当时所推崇的建筑潮流。方厅的地面用天然彩色菱形石材马赛克拼镶而成，形成别具一格的立体视觉效果，两侧分别有阿波罗和狄安娜铜塑像，现在陈列的是复制品，发掘的原件收藏在拿波里博物馆。建筑本身的混搭

阿波罗像（左），阿波罗神庙（中，周小兵摄），狄安娜像（右）

巴希里卡大会堂建筑具有古希腊经典风格　　　　巴希里卡大会堂遗址的地面上散落着精美的石柱构建

　　风格本不足为奇，背后反映出的宗教理念却是个疑问，在他们的精神世界，究竟是人与上帝的关系，还是人与神的关系？看到后面会发现，他们崇拜神的终极目标似乎就是要过上和神一样的无羁自由的生活，不仅是感官的愉悦，还有精神的愉悦。当然，很难界定，纵欲和情悦只有毫厘之距。

　　巴希里卡大会堂里阿波罗神庙很近，建于公元前2世纪下半叶，它是全城纪念性建筑计划中的一部分，规整的矩形建筑，划分为三个区域。以一列中柱为轴，两边对称的人字形大屋面，两侧墙顶部的半高柱子上，还残留着最高等级的纹样，那边是审判席是地方官员坐的地方，原来有木质台阶，巴希里卡大会堂原本是执法和商业谈判的专门场所。

　　这座遗址清理出来之后，一直是人们了解庞贝毁灭之前政治体制的重要场所，奇怪的是，坍塌的建筑材料几乎全都不翼而飞，只留下一些巨石柱础和柱头。现场清理得如此干净，大概是为了让人们看清楚原有建筑的格局吧，但总觉得有些不伦不类。这让我想起文物保护界对庞贝遗址发掘保护方式的种种微词，其中最重要的就是当局没能做到原样保护，后人很难知道阿波罗神庙在那场灾难过后的真实面貌。

庞贝豪宅

庞贝的豪宅，豪华到了极致，其中最大的一座，是农牧神大宅，它占地2970平方米，始建于公元前2世纪初年，此后不断增建改建，直到灾难来临。大门入口处地面上用白石镶嵌出四个拉丁字母"HAVE"。进得大门，左边是中庭，地面用马赛克拼镶，庭院中央有一方浅浅的雨水池，正中间立着一尊"农牧神"青铜雕像，周围的房间里都有马赛克拼镶地面。再往深处去，大宅内有左右对称的两个花园，分别被高大的廊柱环绕，花园之间是整座大宅最核心的建筑，四周是巨大的科林斯柱，地面是一幅精妙绝伦的马赛克镶嵌画，长6.5米，宽3.83米，用150万块天然石材和玻璃拼镶而成，画的内容是亚历山大大帝（Alexander）战胜大流士三世(Darius)的战争场景。公元前334年春天，古代马其顿国王亚历山大大帝在征服了希腊之后挥师东征波斯帝国，数度告捷，这幅马赛克描绘的是公元前331年10月1日清晨，亚历山大大帝率兵在高加米拉与波斯国王大流士三世的军队展开的最后一场决定命运的战斗，亚历山大大帝借助著名的"马其顿方阵"以少胜多、

农牧神铜像（左）
农牧神大宅马赛克拼镶地面（右）

以逸待劳，最终战胜对手，继而攻占巴比伦。这幅画同时也暗示，这座大宅的主人与亚历山大之间有着密切关系。

　　庞贝的深宅大院在火山灰中顷颓，重见天日的大都是残垣断壁，即使有些结构完好的，也是烟火燎灼之后的遗存，人们恰好据此展开想象的翅膀，将所有的奢华绚烂都赋予被毁的庞贝。然而能够遗存的痕迹无过于石雕、壁画和马赛克镶嵌地面，其他的，都缺乏实证。当你的思想过于自由翱翔，在想象中待久了可能会忽视亲眼所见的现实，看见的是残缺，心里想的却是虚幻中的堂皇，庞贝就是这样一个地方，待得越久，越觉得迷雾深锁。与其流连于幻境，不如驻足蹲身，俯近看地面，到处都有的马赛克镶嵌画。既然是当年时尚潮流的一部分，积累到了一定数量，制作者的工艺水平就有了提升的基础，财富的因素成为支撑艺术发展的动力。用极细密、极鲜明的色块作画，确实是一件非衣食无忧而不能承受的艺术行为。

马赛克镶嵌地面在庞贝豪宅遗迹中随处可见，要是不经意走过便错失欣赏的机缘（高鹏摄）

庞贝公共设施

在庞贝，随处可见令人意外的东西，背后是它谜一样的身世，叫我们反思人类文明进步的历史，质疑自己原有的那些历史知识，和现实比起来，我们对历史的认知显得那么肤浅和支离破碎。在一处十字路口，街角建筑物的墙壁上有一块砂岩浮雕，两个人用长棍抬着一个尖底陶水罐，这种水罐在这座城市的很多地方都能见到真实的遗存，尖底是为了方便插进松软的地面以固定罐体。这个标志是指路牌，沿那个方向过去，应该有水。指向水源的路牌用一个画面传递了十分准确的二维信息：一是取水，二是方向，可谓形象而生动。近两千年前的物件，看上去一点也不老旧，放在今天的大街上也能引领风尚。

指向水源的路牌。不但信息清晰准确，同时也是艺术品

在庞贝的大街上有个饮水处，硕大的石质水池，饮水口就藏在这位美女的嘴里。不知道近两千年前，庞贝人是不是真的已经用上了金属水管，反正现在看到的饮水口里，装着的是金属管口，并且有一个金属堵头，现在，水是喝不着了，美女的右半边脸也不见了，但是仍看得清她的容貌，眉眼和发式都是古典希腊风格。池子如此之大，据说喝水的方式之一，就是站在美女的身后，双手撑在美女的两边，俯下身去凑近饮水口，也就是美女的嘴，而饮水者的脸颊此时恰好自然地贴在美女的右半边脸上。这种姿势并非杜撰，请看美女身边厚厚的池沿，两边各有一个斜窝，就被无数饮水者的手磨成的，而美女缺失的那小半张脸，恰好也是饮水者贴住的

庞贝街头饮水池，拥美女人怀就能喝得到水

地方。这哪里是喝水，如此的体态，在卫道士眼中分明是猥亵。庞贝人到底在怎样的伦理架构下生活？他们真的如此开放，连一处普通的饮水池也要设计得如此放浪？或许那个时候，人们现实中的生活常态要比这个更加不羁，如此饮水池不过是小菜一碟。这也确实是传说中的庞贝，不仅是庞贝，还有罗马，人们不以纵情声色为羞耻，更有甚者，规模庞大的公共浴场星罗棋布，身体的享受成为人生追求的最高境界。在那些谜一样的传说中，那个道德观极为开放的时代，单一的情色并非主流，放浪形骸也并不意味着仅仅沉湎于感官享乐。那样的道德观给了人们解放天性的宽松氛围，无需伪装，天性的暴露让那时的人可以活得非常真实。如今的意大利人身上多少还看得到一些影子，他们的内心深处好像有脱缰野马在奔腾，外表的平静总是掩饰不住激情。当然不可否认，这种环境的宽松有赖于人的自律，过度放任是对人性弱点的挑战，要自律确实很难。延续至今的、强调约束的道德观不知何时占据上风，令放任的社会风气走向内敛，这就是物极必反吧。在如今的道德体系中看这个饮水池，当然会觉得有些不妥，焉知后人看我们今天的所作所为是，是否也有同感？

庞贝有许多不宽的街巷，长长的围墙上有很多图案，一点也不单调，这些图案不是贴上去的，而是在砌筑时一并完成的。仔细看，砌墙的材料有红砖、青石，还有一种色彩丰富的砂岩，深浅错落，多孔而坚硬，再仔细看，发现黑褐色的是火山灰岩，这个发现叫人疑窦丛生。如果说，发掘出的庞贝城因公元79年的那次火山爆发而毁灭，那么建造这座城市时所用的火山岩必定是之前的另一次火山爆发而形成的，那么那一次又是几时？没有记载。人的生命太短，人类的历史与火山的生命周期相比也太短，那前一次的火山爆发毁灭过什么，恐怕是永远不能知晓的答案。我们只知道，火山的生命犹如一岁一枯荣的野草，只不过，岁岁之间可能是数以百年、千年或万年计，但是它总是固守在地壳最薄弱的那一点，每次喷发过后，成就万顷沃野，吸引生灵来此繁衍。人类就是在那样一个间歇来到这里的，待到连大自然也忘记了上一次横扫所有生命的爆发，火山口就该开始慢慢地升腾起青烟，孕育起它下一次的震怒。走在庞贝时而喧嚣时而静谧的街巷，我们绝不相信下一秒钟灾难就将来临。公元79年的那一天，庞贝的居民和我们一样，不会相信灾难就在眼前。

　　庞贝的街道是有尊卑的，马路比人行道低，适合车行，尊者驾车疾驰，马路牙子可以让飞奔的车轮有所挡，不至于跑偏撞到房子上去，下雨的时候，水在低处流，不会淹到两侧的建筑。没钱乘车出行的人只能迁就在两边狭窄的人行道上，下雨的时候，还要小心飞溅起的水花。马路用大石块拼铺，石块衔接处都镶有一小块白色石头，那是晚上用的，微弱的夜光下，这些石头会反射出白光，在

黑褐色的火山岩装饰着庞贝的街巷，人们用它，却忘记了它的来由

马路上散布的白色石块在夜晚反光，成为行车的标记

马路上形成一片星星点点的光亮，行车者不必担心看不见路，沿着那一条白色的星光带就可飞奔无虞。可惜这样的情形没有沿用到现代马路上，人类费尽心机研发出各种人工材料来取代大自然的恩赐，从智力的进步而言似乎无可厚非，但是在节能和环保的旗帜下，有理由认为天然材料是更恰当的选择。庞贝的城市生命因天灾戛然而止，将无数的历史真实留下，它的迷就藏在这些真实的背后，人们因其真实而讶异，继而感慨，而反思。既然两千年前就有了那样的文明、文化、思想和理念，今人是否应当认真地想一想，究竟是人创造了世界，还是世界包容了人对自然的唐突？

庞贝欢场

正午的骄阳发威，走在庞贝的街道上没有任何遮蔽，这座遗址城市的街道两边几乎没有树。街巷深处有座大门，一道栅栏横着，显然不可以进去，但是有不少人在向里面张望，原来在门厅一侧的墙壁上有一幅残存但几乎完整的油画，画中男性左手撩起外套，裸露出巨大的生殖器。导游说，这位男子是淫神普利亚普斯，巨阳是它的标志。这所院子名叫威提乌斯大宅，是庞贝最著名的女子俱乐部之一，来此消遣的都是本地富有女性，而提供服务的则是健壮貌美的男性。普利亚普斯的形象在当时的文化中并不简单地代表淫邪和伤风败俗，他本人也并非"牛郎"的代言人，正相反，他是多子和祛邪的化身，正因如此，画像中普利亚普斯的神情居然一派庄重

威提乌斯大宅门厅的普利亚普斯像每天都吸引着游客好奇的目光

从容。这座俱乐部公然存在的现实再次令人意外，它反映了庞贝毁灭前社会形态的另一面，女性的地位、女性的生活方式、女性公开社交活动的常态，都可以从这座残存的宅院中找到佐证。

要想了解庞贝人的生活常态，就不能不去看公共浴场。下一站，是庞贝城中最早的一座，斯达比恩浴场（Stabian Bath），建于公元前2世纪，由一座公元前4世纪的工厂改建而成。这是一座带有长廊的拱形建筑，东部大厅是浴室，男女隔开，分别由五个部分组成：冷水浴室（frigidarium）、更衣室（apodyterium）、温水浴室（tepidarium）、高温浴室（caldarium）和锅炉间（furnaces），北边是一座超大公共卫生间，西边是一座游泳池。整座建筑的内部和入口处，都能看到高贵优雅的彩色灰塑装饰图案，各色神话人物跃然其上，由于取材天然方解石和石灰，它们能够在潮湿的环境中长久保存。浴室的供暖系统也十分先进，地面砖下架空，热空气通过管道引入，同时墙面上也有输热管，只要锅炉工作正常，热气便迅速地从各个方向将整个空间加热，人被包围其中，一定非常惬意。

设有外长廊的斯达比恩浴场（周小兵摄）

　　庞贝遗址的行程匆匆结束，残存的精美华丽和诸多细节令人感叹，但是作为一座城市，残缺，是它的现实。人们再也无法得知它的真实面貌，只能想象那些焚毁的房屋、家具和纺织品可能有多美丽，无缘得见的完整建筑可能会怎样骇世惊俗。这样的残缺，也让我们失去了文明脉络的关联，那些没有被火山毁掉的两千年前的城市同样销声匿迹，庞贝的残存反倒成了珍贵的实证，尽管只是支离破碎的实证。当然，这番感慨源自于想要得到完整无缺的历史记录，因为我们以为，每一段历史的翔实记录，有助于后世正确认识人类文明的轨迹，这样的记录是有价值的教科书。但是历史也总是证明，这不过是一厢情愿，人类总是一而再、再而三地忽略自己所处的时代，总是愿意用变革和创造的雄心壮志去改造现实，以为这样才不枉此生。庞贝虽然是残缺的，但是它到底留了一些东西给我们，城市的格局、城市规划、交通和市政、城市生活形态、建筑的体量、马赛克艺术、壁画艺术等等，让人突然惊出一些冷汗：两千年前的文明已经如此发达，和现今相比，似乎从本质上没有绝对的不同，两千年前到今天，根本不是从蛮荒走向文明，而是成熟的文明在不同时代化身不同的形态。两千年前人类的聪慧、人性的自由和人生的多姿，值得我们细细地揣摩和敬畏，庞贝是一座冻结的城市标本，是唯一的。诗人歌德这样说："在世界上发生的诸多灾难中，还从未有过任何灾难像庞贝一样，它带给后人的是如此巨大的愉悦。"歌德的这番话曾经遭受无数诟病，认为他没有怜悯生命的瞬间消逝，到了庞贝才明白，歌德是对的，生命已逝，如果不能从中感悟，岂非加倍地对不起庞贝所有瞬间封存的生命。

下午剩下的时间将在车上度过，我们要去罗马，那个叫人一想起来就心动不已的城市。如果说，意大利之旅是一次饕餮盛筵，整个拿波里行程无疑是一道前菜，而正餐就是罗马。拿波里是坎帕尼亚大区的首府，从庞贝沿西北方向，我们将离开坎帕尼亚大区，进入拉齐奥大区，罗马就是它的首府。这一路有三个多小时的行程。

午后阳光下的拉齐奥乡村

Agip是意大利一家老牌石油公司

沿途风光旖旎，乡村、小镇、古堡、果园，渐次错落，在午后的阳光下从身边掠过。

公路的两边渐渐地热闹，终于，我们看见了高速公路收费口，过了之后就正式进入市境。这一路见到很多Agip公司的加油站，标志是一只六足狼，很奇怪吧？其实狼还是只有四条腿，多出来的不是腿，而是两个孩子，传说中在那场著名的特洛伊战争中，从特洛伊逃出的人们乘船来到台伯河畔，建立了亚尔尼龙伽王国。约公元前8世纪，阿姆利乌斯从哥哥努米托夺得王位。为了斩草除根，他将自己的两个孪生侄孙抛入台伯河企图淹死，不料被下游的一只母狼衔回狼窝喂养活命，他们的名字分别叫罗姆鲁斯和雷姆斯。公元前753年，罗姆鲁斯创建了罗马，这只母狼拯救了罗姆鲁斯，自然也被当作罗马最值得纪念和尊敬的偶像。可以想象，统治者在初创时期需要用一些离奇的传说来证明自己就是真命天子，类似的情形在许多文明古国都有。这个故事已流传了两千多年，其真伪不足考，好在考古学家已经证明，罗马的始建年代确实是公元前8世纪，其被赋予这样的传奇，本身就是历史悠久的标志。

第三天

今天一天都在梵蒂冈，上午去梵蒂冈圣彼得大教堂，下午参观梵蒂冈博物馆。

罗马引水渠

车从罗马郊区的酒店出发，路边不时出现一段残墙，其实也不是墙，更像是桥，高大的桥拱上支着窄窄的顶，这是传说中的罗马城引水渠遗迹。罗马建城于丘陵之上，此地共有七座山丘，号称"七丘之地"，山丘间低洼的沼泽地在公元前8世纪时是人们最早搭建住所之处，后来成为罗马城的大小广场所在。随着人口的增加，城市供水短缺，公元前2世纪，罗马开展了浩大的引水渠工

罗马郊区的引水渠残存段

程，引山泉入城，前后共修建了11条引水渠，罗马城的生命在此后的岁月里仰仗这些水渠而延续，城内到处都有的喷泉，水源全部来自引水渠，而城中的台伯河因为水位低，并没有担负起母亲河的重任。这些引水渠因为罗马供水方式的改变而被逐渐废弃，并且在此后罗马城的不断改建中被当做建筑材料遭到拆毁，从中世纪到文艺复兴时期，再到19世纪末，不单单是引水渠，整个罗马城的文物保护处于无序状态，最后一次大规模破坏发生在20世纪墨索里尼政权时期，直到二次大战结束，罗马的文物保护才初现端倪。那些残存的引水渠在清晨的薄雾中孤立于郊野，像被肢解的巨人般刚毅而又哀伤。

圣天使城堡·圣天使桥

从停车场去梵蒂冈要经过协和大街（Via della Conciliazione），不远处就是圣天使城堡，静静地坐落于台伯河边，城堡的大门前是优美的圣天使桥，横跨在碧水粼粼的台伯河上，宛若天然画卷。然而历史就是爱开玩笑，圣天使城堡从一开始

圣天使城堡，历史不如名字那样浪漫

就和浪漫不沾边。这里最初的名字是"哈德良皇陵"。罗马皇帝哈德良于公元117年登基，公元130年开始在这里为自己和家族修建陵园，公元139年建成，而他本人已于1年前驾崩。陵园建成后不仅哈德良葬于此，还有他之后的多位罗马皇帝，使这里成为名副其实的皇陵。

圣天使城堡名字的由来则是与一场空前灾难有关，公元590年，黑死病在罗马横行，教皇格里高利一世一天醒来，宣称梦见圣天使米歇尔（St. Michael）出现在哈德良皇陵的顶端，挥剑驱散瘟疫后将宝剑插入剑鞘，命人立即按照梦中景象做成圣天使宝剑入鞘的铜像立于皇陵最高处。后黑死病果然被扑灭，众人无不相信这是借重了圣天使米歇尔的神奇力量，格里高利一世下令将"哈德良皇陵"更名为"圣天使城堡"。

之所以称之为城堡还有一个原因，就是它实在太坚固了，而且易守难攻，在多次外族侵略罗马的时候都没有被攻破，渐渐地就被后人当做防御性堡垒，连教皇也拿它当做避难所，1277年更是修建了地下秘密通道（Vatican Corridor）与梵蒂冈相连，1494年和1527年两任教皇在此躲过罗马兵乱，现在如果进去参观，还能看到教皇厅、教皇寝宫等等。此外，罗马教廷还在里设立保卫梵蒂冈的兵营和监狱，反对地心说的布鲁诺被宗教审判所处死之前，就关在这里的监狱内，现在这里已被改建为意大利国家博物馆。

正对着城堡大门的圣天使桥本是圣天使堡工程的一部分，公元134年建成，原名"哈德良桥"，又因为是跨越台伯河前往圣彼得大教堂的重要通道，朝圣者也愿意叫它"圣彼得桥"，后来随着圣天使堡一同更名，称为"圣天使桥"（Ponte Sant'Angelo），一直沿用至今。这座桥用青灰色石材建造，河里有四个桥墩，与两岸

圣天使桥

连接形成五个拱跨，初建时，桥头还有凯旋门等建筑，1450年圣年的时候，由于过往的朝圣者太多，桥栏杆被挤断，许多信徒跌入台伯河淹死，当局遂决定拆除桥口的所有建筑，以加快桥上人流通行速度。在16世纪之后的数百年间，每当犯人被处决后，他们的尸体就被放到这座桥上示众，景象十分骇人，那些过往的客商，还要为货物过桥而交税，那时的圣天使桥，无论如何也不会令人联想到浪漫。

罗马一向有收过桥税的传统，但当时并不是政府收取，而是将收税的权利赐予各个贵族家族。1534年，教皇克雷芒七世决定从圣天使桥的过桥税中拿出一部分来增建桥上雕塑，当时确定的雕塑人物是圣彼得和圣保罗，四位圣经新约福音书作者马太（Matteo）、马可（Mark）、路加（Luke）、约翰（John）以及四位圣经中记述的重要人物亚当（Adam，人类始祖）、诺亚（Noah）、亚伯拉罕（Abraham，希伯来人的始祖）和摩西（Moses，犹太人古代领袖，立法者），共10位。克雷芒七世去世后，由他的继任者保罗三世教皇执行完毕，从此圣天使桥上变了一番景象。但是圣天使桥上仍然只有圣徒无天使，末了是贝尼尼的建议改变了一切，1669年，他以71岁高龄提出一项建议，只保留圣彼得和圣保罗塑像，其他风化严重的塑像全部拆除，新建十座手持耶稣受难圣物的天使像，该建议获得了时任教皇克雷芒九世批准。这也是贝尼尼晚年最大的工程之一，率领十位雕塑家共同完成，他们是：安东尼奥·瑞吉（Antonio Raggi）、拉扎罗（Lazzaro Morelli）、保罗·贝尼尼（Paolo Bernini，贝尼尼的儿子）、柯西莫（Cosimo Fancelli）、保罗·纳蒂尼（Paolo Naldini）、捷洛拉莫（Girolamo Lucenti）、艾尔克（Ercole Ferrata）、朱利奥（Giulio Cartari）、安东尼奥·焦尔杰蒂（Antonio Giorgetti）和多米尼克（Domenico Guidi），工程告竣的那一刻起，圣天使桥便获得了"罗马最美之桥"的桂冠，但是许多旅游资料笼统地说圣天使桥是贝尼尼的作品，其实并不准确。

现在让我们从圣天使桥的西侧，也就是靠近圣彼得大教堂方向的这一侧开始，一件一件欣赏桥上的雕塑作品。西侧第一件是《持海绵的天使》，作者安东尼奥·焦尔杰蒂（Antonio Giorgetti）。天使拿着绑了海绵的藤条，怯怯地看着前方，那里有他不愿看到的场面。耶稣被钉在十字架上一直到下午三点，他开始呼唤"上帝，上帝，你为何抛弃我？"旁边的卫兵听见，立刻用海绵蘸了醋酒硬放到耶稣嘴里，耶稣沾了酒，大叫一声"成了"便断了气。

《持海绵的天使》

《持长矛的天使》

《持十字架的天使》

转身看对面，是《持长矛的天使》，作者是多米尼克（Domenico Guidi）。还记得圣彼得大教堂内圣朗吉努斯的故事吧，天使手中的正是朗吉努斯之枪，他哀怨地看着枪头留下的血，仿佛要质问朗吉努斯：难道非得将长矛刺进耶稣的身体、让他的血溅入你的眼睛治好你的眼疾，你才知道他是圣人吗？

在《持长矛的天使》的旁边是《持十字架的天使》，作者艾尔克（Ercole Ferrata），不用说，这指的是耶稣被钉死的十字架，也是最重要的圣物。天使的注意力全在手中的十字架上，看它的眼神充满怜惜和爱意，他知道耶稣为什么受难，为什么要死在十字架上，天使因此无可抱怨，下一个动作好像就是将十字架紧紧搂入怀中，以此表达对耶稣的崇敬。

《持十字架的天使》的正对面是《持罪名牌的天使》，牌子上写着"I.N.R.I."，它是拉丁文IESVS NAZARENVS REX IVDAEORVM的缩写，意思是"耶稣，拿撒勒人，犹太人的君王"。耶稣被判死刑的罪名就是宣称自己是上帝之子,被钉在十字架上之后,士兵又将这块牌子放在他的头边,是见证耶稣之死的圣物之一。这件雕塑是贝尼尼亲自完成的,但原作并没有安放到圣天使桥上,克雷芒九世在看见完成的作品后说,这么精美的雕塑放到室外太可惜了,决定留在自己居所内,命雕塑家朱利奥(Giulio Cartari)制作一尊复制品放到了桥上。贝尼尼的原作后来被送往罗马的圣安德烈亚教堂(Sant'Andrea delle Fratte),保存至今。

在《持罪名牌的天使》旁边是《持衣物和骰子的天使》,作者保罗·纳蒂尼(Paolo Naldini)。天使神情肃穆,用衣服兜着几只骰子,目光却不在那上面停留,而是注视远方,好似在等待召唤。衣物和骰子的故事也与耶稣之死有关,士兵将耶稣脱光了衣服钉上十字架,然后掷骰子分了他的衣服。

在《持衣物和骰子的天使》对面便是《持钉子的天使》,作者捷洛拉莫(Girolamo Lucenti)。天

《持罪名牌的天使》

《持衣物和骰子的天使》

使手中的钉子是耶稣蒙难时用来将他钉在十字架上的，天使的表情很是天真无邪。圣经中说，耶稣并不刻意躲避这场灾难，正相反，他是要让自己的死来昭示天下的，天使无邪的微笑大约正源于此。

在《持钉子的天使》的旁边是《持荆冕的天使》，这是贝尼尼与自己的儿子保罗共同完成的作品，但是和那件《持罪名牌的天使》一样被克雷芒九世留在居所，桥上放的是保罗·纳蒂尼（Paolo Naldini）制作的复制品，原作现存于罗马的圣安德烈亚教堂（Sant'Andrea delle Fratte）。在耶稣蒙难的过程中，荆冕被当做刑具一直戴在耶稣的头上，令他血流满面，但耶稣并不以为然，他承受痛苦愈甚，便愈惠及被救赎的人。但是天使可能不这么认为，他不忍看见耶稣受难，以至于面部表情极度恐惧而扭曲，好像一脱手，荆冕便会又戴到耶稣的头上。

《持荆冕的天使》的对面是《持面纱的天使》，是柯西莫（Cosimo Fancelli）的作品。蒙难

《持钉子的天使》

《持荆冕的天使》

之前，耶稣在耶路撒冷的加尔瓦略山，身背十字架被罗马士兵驱赶着前往刑场，维罗妮卡用自己的面纱为耶稣擦拭脸上的汗和血，耶稣的面容因此永远留在了维罗妮卡的面纱之上。天使手中拿着的就是维罗妮卡面纱的象征，而天使的表情就像是维罗妮卡再现，诚挚、善良，不带有一丝世俗。

《持面纱的天使》的旁边是《持鞭的天使》，作者拉扎罗（Lazzaro Morelli），这是西侧的最后一座天使像。天使手中的鞭子是粗粗大大的一扎，那是耶稣在上刑场之前被绑在柱子上受鞭笞用的刑具。天使幽怨的目光就盯在这捆鞭子上，好似在想要如何处置它。

《持鞭的天使》对面是桥东侧最后一座天使像《持柱的天使》，作者安东尼奥·瑞吉（Antonio Raggi）。天使手中拿着的，是耶稣蒙难之前被绑柱子的象征，他在那儿受鞭打，之后才被钉上十字架，这柱子见证了耶稣为教徒所承受的折磨。天使双手托着这柱子，仿佛正昭示天下所有的信徒，都来看看

《持面纱的天使》

《持鞭的天使》

这个见证。

　　走到桥南头，背对着我们有两座巨大的塑像，转到正面去看，原来是圣彼得和圣保罗，这是贝尼尼没有更换的仅存的两座，年纪比桥上的天使们大100多岁。两座雕像并没有风化得很厉害，叫人联想到圣天使桥上被更换的那些圣徒和圣经中圣神的塑像，他们真的是因为风化严重才被换掉，还是克雷芒九世与贝尼尼联手做了个局？从贝尼尼提出建议到克雷芒九世批准，再到

《持柱的天使》

圣保罗像（左）
圣彼得像（右）

贝尼尼完成雕塑，克雷芒九世令他将两座原作留在家中，直至克雷芒九世去世，这一切都发生在1669年。克雷芒九世于1667年登基，那时贝尼尼正好刚刚完成圣彼得广场工程，巨大的成功给了新任教皇一份荣耀的礼物，他对贝尼尼不但欣赏备至，而且几乎是言听计从，后人因此在欣赏到17世纪大师作品的同时，失去了欣赏16世纪圣天使桥原貌的机会。圣彼得像在桥南侧，圣保罗像在桥北侧，彼得手中紧握着钥匙，保罗则长剑在握，两座塑像均十分传神，比圣彼得大教堂前的那两座要好很多。

梵蒂冈圣彼得广场

梵蒂冈是城中之国，对我们来说既熟悉又陌生，熟悉的是它的名字，陌生的是它的细枝末节，是它悠久的历史中由政治、宗教、文化、艺术交织而成的神秘。它偏居罗马城西北角，坐落于台伯河西岸。殊不知，这座教皇国曾经的领域不仅包括整个罗马，还有罗马周边的大片土地，面积有4万平方公里之广。"梵蒂冈"是拉丁语，原意为"先知之地"，公元4世纪，罗马帝国皇帝康斯坦丁，也就是著名的君士坦丁大帝，出于控制教会的考虑，在现今梵蒂冈的所在地建造了康斯坦丁大教堂，理由是纪念在此地殉难的耶稣十二大门徒之一圣彼得。这座教堂于15—16世纪期间被改建为圣彼得大教堂，成为罗马天主教会至高无上的仪式场所。眼前的梵蒂冈是千年长河的缩影，看到的、听说的和感受到的，都不足以代表这座圣城的全部。协和大街不属于梵蒂冈国土，但是两侧的建筑里遍布各国驻梵蒂冈大使馆。走到这条街的尽头，就到了梵蒂冈的边界，这里是圣彼得广场的入口处。来自世界各地的游客在广场排队，等待进入圣彼得大教堂。趁这个机会可以细细地浏览圣彼得广场，这是17世纪建筑大师贝尼尼（Giovanni Lorenzo Bernini，

1598—1680年）的作品，1656年开始设计，历时11年才完成这一旷世杰作。

贝尼尼为圣彼得大教堂设计了两侧环抱的圆弧形柱廊，每一侧都是一个标准的半圆，圆心在广场上，用一块圆形大理石做标记。柱廊共有284根圆柱和88根方柱，以圆心辐射，横向分4层排列，在柱廊内形成3条走廊。对应于每一根面向广场的圆柱，柱廊的顶端上都有一尊3米多高的大理石雕像，据说都是罗马天主教会历史上的殉教者。他们形神各异，每一尊雕像都具有文艺复兴时期最明显的艺术风格。单独看，都是难得的艺术品，然而两侧共140尊塑像依次分列于高大柱廊的顶端，人从广场走过，感受的首先是宗教的力量，艺术感染力悄然退居其后。

圣彼得广场在圣彼得大教堂的正前方

圣彼得广场一侧的柱廊

　　殉教者用他们俯视的目光注视着每一位经过的朝圣者，要知道，在贝尼尼设计圣彼得广场的时候，只有朝圣者，没有游客。

　　圣彼得广场中央的方尖碑来自埃及，高达25.5米，公元40年就到了这里，在贝尼尼的手中加上了底座和碑身、碑顶的装饰，与整个广场浑然一体。

　　1740年，教皇克雷芒十二世（Clement XII，1730—1740年）又在方尖碑的十字架上安装了一块耶稣被钉的十字架真木。另外，如果面向圣彼得大教堂，看得见广场上有两座对称的喷水池，左边的这一座是贝尼尼的设计，曾经损毁又修复，而右边这一座则是玛德诺的作品，一眼望过去，总是左边的喷水池会聚集更多的游人在池边休息，大约是圣彼得大教堂太大，参观完后的人们正好在此小憩。圣彼得与圣保罗的大理石雕像分列在广场两侧，他们都是教会早期功臣，雕像常常并列出现。这两尊雕像都是贝尼尼的作品，按常理，贝尼尼似乎应当是倾其敬意制作这两座雕像的，然而作品本身并没有像贝尼尼的其他作品那样充满激情，我们看到的表情和姿态都非常程式化，这大约就是命题之作的通病吧。

面向圣彼得大教堂，右边的方形建筑是教皇宫，每个星期天的正午，最高一层右边第2个窗户都将准时打开，窗台上铺着红毯，教皇会出现在那里，无声地接受广场上人们的膜拜和致意，为人们祈福，这已经成为惯例。

教皇宫

梵蒂冈圣波得大教堂

都知道圣彼得大教堂的前身是公元326年落成的康斯坦丁大教堂。1503年，时任教皇朱利奥二世（又称于勒二世）上任伊始就萌生在此重建新教堂的愿望，圣彼得被罗马教廷追认为首任教皇，这里是他的蒙难地和墓地，新教堂的名字因此被命名为圣彼得教堂。重建在1506年正式动工，到1626年11月18日建成，历时120年，历经18位教皇。朱利奥二世先是聘请了著名的建筑工程师布拉芒特（Donato Bramante，1444—1514年）设计了教堂施工图，并请他主持修建新教堂。布拉芒特1514年去世，接任他的是年轻的大师拉斐尔（Raffaello Sanzio，1483—1520年），这位以绘画享誉世界的艺术家是文艺复兴最具盛名的代表人物，居然主理过圣彼得教堂这样的伟大工程，实在是叫人有些意外，全是因为画家的光芒掩盖了他作为建筑师的成就。这时已经换了一位教皇利奥十世，拉斐尔在圣彼得大教堂的修建中走完了他生命的最后6年，1520年去世的时候工程还远没有结束。事实上，此时的亚平宁半岛正处于战争的动荡之中，法国与罗马帝国为争夺对意大利的统治权而频起战事，教皇利奥十世和他的继任艾德里安六世相继去世，圣彼得大教堂工程被迫搁置。1538年，圣彼得大教堂正式复工，教皇保罗三世决定任命小桑迦洛（Antonio da Sangallo the Younger）担任工程总监。从空中看，原设计者布拉芒特设计的圣彼得大教堂呈希腊十字形，十字交叉在竖线的上三分之一处，靠近圣彼得广场的一端是竖线的底，也是教堂大门。现在却出现了很大的争议，另一种意见更钟情于拉丁十字形，要在竖线的底部加一条横线。这个争议持续了很久，并且完全脱离了建筑本身，上升到了宗教范畴的争议，令小桑迦洛无所适从，导致工程迟滞不前。

1547年，教皇的目光投向72岁高龄的米开朗基罗（Michelangelo Buonarroti，1475—1564年），命令他担任圣彼得大教堂的总建筑师兼工程总监。米开朗基罗不顾古稀之龄义无反顾地全情投入，他说这是神的命令要他担任一生中从未有过的重任，是应尽的义务，将分文不取。上任伊始，米开朗基罗态度鲜明地支持布拉芒特的原设计方案，仅作了细微的修改，在十字交叉处设计了一座造型庄严宏伟的鼓形圆顶。事后证明，米开朗基罗的圆顶设计确实是圣彼得大教堂无可替代的重要标志。1564年，米开朗基罗在任内去世，圣彼得大教堂成为他一生最后一件作品，当然，是未完成的作品。他的继任者迦科莫（Giacomo della Porta，1540—1602年）在1593年最终完成了那个鼓形圆顶的建设工程，历时近30年。

1605年，教皇更迭，新上任的是保罗五世。1606年，他命令迦科莫的继任者马德诺（Carlo Maderno，1556—1629）将总平面修改为拉丁十字形，在原入口处增建两道柱廊和一道立面并加宽长度，这项设计变更导致布拉芒特和米开朗基罗合作的原设计受损，教堂大圆顶被新增的3跨建筑遮挡视线，成为日后人们一致诟病的败笔。新增的立面高40余米，左右两侧是钟楼，分别有两根方柱支撑，左边显示罗马时间，右边的是格林尼治标准时间。中间有8根圆形科林斯柱，在一层形成5个门洞，上方则是5个阳台，中间最大的阳台称作祝福阳台，每当重大节日，教皇在向民众发表祝福演讲，每届新任教皇的初次亮相也在这里。立面的顶上有13座大理石雕像，正中是耶稣，最左边是圣洗者约翰，另外11位是耶稣亲自任命的门徒，犹大则不在其中，被马提亚斯（Matthias）取代，而门徒之首的两位圣保罗和圣彼得的塑像分立在大教堂前左右两侧。

马德诺新增的三跨建筑与之前圣彼得大教堂呈现着两种完全不

文艺复兴艺术风格与华丽的洛可可风格在圣彼得大教堂的入口相聚（高鹏摄）

同的风格，后者是文艺复兴运动成熟设计的典范，而前者则在贝尼尼的主导下最终完成，呈现洛可可潮流早期最为华丽的一面。这两种艺术在圣彼得大教堂的汇合，曾经让很多人为了给这座建筑的风格下定义而犯难，事实上，这三跨新增建筑和整个圣彼德广场确实是洛可可风格，大教堂内诸多由贝尼尼主持的装饰亦如此，也是初来此地的人们对圣彼得大教堂最初的印象，不仔细考量，确实会误以为整个教堂都是洛可可风格的，然而米开朗基罗以及他之前的诸位工程总监为圣彼得大教堂奠定的基础，毫无疑义是文艺复兴风格建筑中最精彩的一笔。

1614年，圣彼得大教堂工程在马德诺的任上全部告竣，1626年11月18日，宣布正式启用，但内部装修工程还一直持续。1629年，马德诺去世，31岁的贝尼尼受到了时任教皇乌尔班八世的青睐，继任圣彼得大教堂建筑师。

越过马德诺增建的柱廊就到了圣彼得大教堂原本的大门前，

这里并排着五个大门。漫长的历史经过，每座门都变得各不相同，都有自己的故事。面向群门从右边起，第一座名叫"圣门"（Holy Doors），平常总是关着，只有教皇才能在每逢"圣年"（Holy Year）的圣诞前夜或特别重要庆典的日子里，在傍晚亲手开启，于午夜关闭。第二座门是"圣事门"，它的名字源于门上铜铸着天主教七件圣事，雕塑家克罗采蒂（Venanzo Crocetti）1963年用这件作品替换了原来的木门。第三座是"中门"，也叫费拉来特(Filarete)门，1433年由费拉来特（Antonio Averulino Filarete, 1400—1465年）铸制。费拉来特门共有六幅铜浮雕像，分别为：基督正座像，圣母执双手于胸前，圣保罗执剑立像，圣彼得将这扇大门的钥匙交给教皇尤金四世，圣保罗等待判决，为避免与耶稣的殉道方式相同圣彼得要求执刑者将他倒钉于十字架。第四座是"善恶之门"，左边门扇上的铜浮雕图案是各种酷刑，右边则是各种善举，和中国古代东岳庙中的"善恶因果七十二司"雕塑异曲同工，这座门是雕塑家明古泽（Luciano Minguzzi）在1970—1977年间的作品。最后一座是"逝门"，雕塑家马祖（Giacomo Manzù）19世纪60年代的作品，门的上半部分的铜浮雕是耶稣圣逝和圣母安眠的场景，下半部分有八幅小作品，表现的是众信徒逝世的情景。

上面说到圣门时提到的圣年，在罗马教廷是一件天大的事情。所谓圣年，就是基督教的朱伯烈年（Jublee Year），也称

圣门，只在"圣年"开启

大赦年，它起源于希伯来人宗教习俗。圣经律文规定，每半个世纪应当宣布一年为大赦年，在这一年，债务被免除，奴隶重获自由，没收的财产无归原主，耕地将重新分配。Jubilee这个来自希伯来语joble，意思是羊角号，每当宣布大赦年的典礼，羊角号是最高亢嘹亮的乐器，是大赦年的标志。

罗马教皇沿用了这一习俗，但内容有所改变，在"原罪论"的基础上，鼓励人们主动忏悔，以获得心灵安慰。罗马教廷历史上的第一个圣年是1300年，由教皇博尼费斯八世（Boniface VIII）宣布，对那些诚意忏悔的人免除因违背教义而应当受到的惩罚，而被免除惩罚的人则必须每天在特定的时间到圣彼得大教堂和圣保罗教堂朝拜，向这两位先贤的墓地忏悔，本城居民要至少连续30天，外乡人至少连续15天。一时间，圣城人头攒动。按照原罪论，每位教徒都会觉得自己需要忏悔，以获得上帝的赦免。

从进入费拉来特门的那一刻起，排队进来的人流仿佛奔流入海的江水，一入大门便失去了约束四散开去。圣彼得大教堂坐西朝东，教堂内空阔高远，巨大的穹顶在上，两排从地到天贯通的大理石柱将整个空间分割成南、中、北三路，中路是深远的长长甬道，无数的大理石雕像分列甬道两侧，人潮涌动其间，人的密集无序与目力所及整齐庄严的建筑形成鲜明的对照。

南侧和北侧分布着大大小小的礼拜堂，北侧第一间小礼拜堂聚集了很多人，不用多想，远远地就看见著名的它——米开朗基罗青年时代的作品《哀悼基督》（The Pity/La Pietà）。这件作品有很多不同的译名，比如《圣殇》、《圣母的哀恸》、《圣母怜子像》等，这座小礼拜堂也因此被人称为"圣母怜子堂"（Cappella della Pieta）。

《哀悼基督》高2.15米，由白大理石雕成，米开朗基罗用了

《哀悼基督》

两年的时间，于1498在罗马完成这件作品，当时的他才23岁，正是才情横溢的年龄。作品完成即在圣彼得大教堂陈列，赢得无数赞誉，米开朗基罗用最细腻的笔触描绘出圣母内心的悲伤，低垂的风帽下年轻的面容似乎与圣母的年龄不符，然而米开朗基罗说，"圣母贞洁无瑕令她永葆青春"，人们应该相信她永远都不会变老。平静的哀伤比起仰天长泣更叫人心生悲悯，这正是米开朗基罗心中对圣母亦神亦人的理解。

"圣母怜子堂"紧挨着"圣门"，在不得开启的年份里，圣门的背面甚至被砌上一道墙，墙壁上镶嵌着一个大大的金色十字架，门楣上方有一幅马赛克仿油画，画面中一位圣者手持一金一银两把钥匙，那是圣彼得。翻开《旧约·马太福音》第十六章，基督对彼得说："我还告诉你：你是基石，我要把我的教会建造在这基石上，阴间的权柄不能胜过它。我要把天国的钥匙给你，凡你在地上所捆绑的，在天上也要捆绑；凡你在地上所释放的，在天上也要释放。"金色的是天堂之门的钥匙，而银钥匙则用来开启地狱之门，"捆绑"与"释放"，不啻于赦免与否，钥匙便是基督授予教会权柄的象征。圣彼得被追授为罗马教廷首任教皇，他从基督耶稣那里获得的权柄代代相传，是历任教皇惩戒罪恶、保持教会圣洁的权力的根基。画像下方的大理石标牌上刻着"克雷芒七世教皇"，我猜这肯定不是画家将这位教皇的容貌绘制成圣彼得的形象以表示对他德行的赞美，而是克雷芒七世奉献给圣彼得的。画像背景是大面积的金色马赛克，圣彼得身着鲜艳的蓝色袍服，斜围一条金黄色袈裟，泛光浮现于马赛克细密的缝隙间，下方颀长的金色十字架在幽暗的光线中闪耀的炫目的光芒。华丽的赞美和无条件崇拜，这种通行于世的恭维方式我们并不陌生，古今中外，莫出其右，也只在这样的氛围中变得近似合乎情理，放到别处，就是直白的庸俗了。

随着游人从北翼转向中路，那里正是位于中轴线上圣彼得大教堂最重要的地方：圣彼得墓。

在圣彼得大教堂十字形平面的交叉点

"圣门"的背面被砌上一道墙，再镶嵌上一个大大的金色十字架，等待下一个圣年的到来

上，是一座通往地下的马蹄形台阶，拾级而下，就是圣彼得墓，它的上方是一座肃穆的忏悔台，这座忏悔台并非用于忏悔，而是为了纪念圣彼得，他正是因为虔诚忏悔而殉教的。忏悔台的上面罩着著名的青铜华盖，这里是名副其实的圣彼得大教堂的中心地带，而圣彼得墓就是大教堂的心脏。作为普通游客，我们无法穿过隔离带靠近那里，远远望去，只能看见台阶围栏和点点闪烁的长明烛光。圣彼得墓实际上也是圣彼得蒙难处，那里有一只硕大的银匣，是本笃十四世教皇奉献给圣彼得的，里面放着一件羊毛披肩，纯白色上绣着黑色的十字，据说使用的羊毛全部来自在圣阿格尼斯日得到祝福的羊群，从公元4世纪起，这种披肩逐步演变为教区大主教在某些重要仪式上特定的着装，代表着这位主教的地位、尊严与荣耀。应该说我们在圣彼得大教堂走过的一长列礼拜堂中已经见过了一些装饰华丽的教皇墓地，但总还保持着一些悲戚的庄严，而圣彼得墓则完全用彩色大理石建造，一百盏铜质羊角灯长明不熄，明亮和华丽所造就的气氛并非通常人们想象中墓地惯常的肃穆，反倒是圣殿一般美若天庭。这是圣彼得大教堂的时任主建筑师马代尔诺(Carlo Maderno)的作品，那样的风气在那个时代大约是非常时尚的，人们在这里对逝者的悲情退到了次要的地位，更多想要表达的是崇敬。

忏悔台上方的青铜华盖（Baldacchino）是贝尼尼的主持创作的作品，就艺术成就而言，堪称举世无双的巴洛克风格艺术品，然而由于是用拆了万神殿的铜材制成，长久以来，诟病其行为者也大有人在。这令人想起莫斯科十月革命胜利后拆除许多教堂用来建造公共建筑的事情，现在的莫斯科还有许多地铁站内拥有美轮美奂的内饰，可以窥见当年那些教堂的辉煌瑰丽。历史就是这样和人们的审美观开玩笑，我在这里便如此矛盾着，眼前的华盖是如此精致华美，我若欣赏赞美它，是不是等于内心深处也同意为了一种辉煌可以不尊重前人的创造？那就先换个客观的角度吧。因为教皇乌尔班八世的特别信任和赏识，贝尼尼在这位教皇就任翌年便以26岁青年才俊的身份担当起建造这座青铜华盖的重任，这也是贝尼尼在圣彼得大教堂重建工程中主持的第一件作品，从1624年开工，历时9年完成。可以想见，当贝尼尼在初次踏进圣彼得大教堂工地的时候，是多么需要一件成功的作品来证明他不虚教皇的恩宠，年轻气盛、才情四溢，没等到青铜华盖竣工，他已经证明了自己的能力。1629年，圣彼得大教堂的时任主建筑师马代尔诺(Carlo Maderno)去世，贝尼尼便成了新任主建筑师，此时离青铜华盖完成还有4年。

青铜华盖是圣彼得大教堂内最独特的艺术品

当青铜华盖于1633年竣工揭幕的时候，呈现在人们眼前的是一座通高近30米的巨作，在圣彼得墓的正上方，四根20米高的青铜螺旋形柱从各自的白色大理石基座上升起，上方四面横梁上托起八根曲梁，从四角朝中向上汇聚，托起一只金球，形成优美的皇冠型顶。白色大理石基座上浮雕着教皇乌尔班八世所属巴尔贝里尼家族家族纹章，青铜螺旋柱则分为三段装饰，下边的三分之一阴刻细密的螺旋纹；上三分之二的大部分则包裹着立体的镀金橄榄树叶和月桂纹卷叶，还有圆雕小天使和蜜蜂，这些

都是巴尔贝里尼家族家族纹章内涵要素，与基座相呼应；柱子的顶端使用了古希腊经典克林斯柱头作结尾。再往上的四根横梁外侧悬挂着青铜铸成的帷檐和流苏，当然不是织物，但是艺术家却将它们做得好似随微风飘动。

视线穿过青铜华盖，大教堂的尽头一片明亮映入眼帘，无论身处哪个角落，都会对这灿烂的金黄色产生好奇，那是圣彼得宝座祭坛，贝尼尼1666年1月17日完成的作品。这件作品主要分为宝座和背光两大部分，宝座部分是在中世纪木椅上加镀金青铜覆面，下面由四位青铜镀金人物塑像支承着。木椅的表面镶嵌象牙，椅背上还有一对青铜雕塑小天使，分别手持圣彼得的钥匙和三重皇冠，这是教皇的象征；那四位支承宝座的也非等闲之辈，靠外侧的戴帽子的两位分别是拉丁教派神学家圣安布罗斯（St. Ambrose）和圣奥古斯丁（St. Augustine），靠里侧没戴帽子的两位是希腊教派神学家圣亚达纳西（St. Athanasius）和圣约翰·克里索托斯（St. John Chrysostom），他们都是基督教早期的神学先贤，一贯忠实于圣彼得所宣讲的教义。四位先贤站立在西西里红白纹大理石建造的底座之上，仅人物的高度就达5米，整个宝座的高度超过15米。显然，这并不仅仅是一把椅子，因为圣彼得曾坐在这上面传过教，它早已化作崇拜的对象，象征着教义的崇高和永恒。事实上，当教皇亚历山大七世要求贝尼尼做这件事的时候，这把椅子已不是圣彼得使用过的原物，距考古学家分析，只有椅子中的一些橡胶木组件属于圣彼得时期，其他的橡木构件、象牙镶嵌以及金属加固件都是拜占庭时期重修时新做的，时间相差数百年。贝尼尼忠实地秉承教皇的旨意，在这把椅子的周围做上了兼具宗教和华美意义的装饰，成为圣彼得大教堂庄严的崇拜中心。

然而贝尼尼认为还不够,在宝座的后面,他又以窗洞为中心建造了一座几乎与建筑主体等高的雕塑背光,和宝座一起构成完整的祭坛。背光的中心是椭圆形波希米亚黄色水晶玻璃制成,被分割为十二组向外辐射,象征耶稣的十二圣徒,正中央是双翼伸展平飞的鸽子,记得吗?和青铜华盖蓬顶内的一模一样,那是圣灵(Holy Spirit)的象征,是教廷的精神中心,永不疲倦地指引和教导众生。阳光从外面透射进来的时候,这里就是那一片金焰,在灰暗中毫不吝惜光芒。四周围绕着的是一圈石膏镀金天使塑像,左右各有一组少年天使站在金色的云端,其余的都是丘比特,翻飞在四射的光焰之间。这里又是典型的巴洛克风格,华丽得令人窒息,贝尼尼对巴洛克风格艺术的贡献在这里得到完美的体现。

圣彼得宝座祭坛有圣彼得大教堂内最明亮的光焰

从圣彼得宝座祭坛前走过,正好位于青铜华盖所处的中心地带,抬头向上看是米开朗基罗设计的大圆穹顶。此刻室外正阳光灿烂,从16扇天窗透射的光在空中交织成一片耀目的明亮,层层泛射到四周,有如涟漪般减弱,到了支撑穹顶的四根壁柱,竟变得面纱般轻柔了,穹顶的表面由细密的拼贴马赛克和白色石膏塑型而成,以16扇天窗为界,半球形的穹顶被16条拱梁均匀等分,16个等边三角形弯曲婀娜的腰伸向中央藻井,每个曲腰三角形上有规律地分六层布置了人物画像。从天窗往上开始,第一层是16位安葬在本堂的教皇胸像;第二层是圣像,有耶稣基督、圣母玛丽亚、圣约瑟夫、圣浸信约翰以及耶稣十二使徒；第三层的16个矩形画框内，天使们手持象征耶稣精神的法器；第四层圆形徽章框内是小天使和六翼天使肖像；第五层是圣彼得墓守护天使像；第六层是背生双翼的天使像。再往上就是藻井的檐口，那上面有一圈拉丁文字，写道："献给圣彼得，教皇西斯都五世于1590年，在位第15年。"以上总共96个人物，并不是在1590年与穹顶一同完成，而是迟至17世纪初，教皇克雷芒八世就位后，命令艺术家朱赛佩（Giuseppe Cesari）着手穹顶装饰，从1603年到1612年，他花费9年时间完成画稿，由当时最杰出的马赛克艺术家们用马赛克呈现于天顶。从檐口往上，藻井有18米高，在那最高处的天花板上是圣父肖像。无疑这是圣彼得教堂的最高点，光明从天而来，来自天堂。

米开朗基罗用心设计的圣彼得大教堂大圆穹顶是他的人生绝唱

从大圆穹顶下穿过，我们来到了圣彼得大教堂的南侧，和北侧对称，这里同样分布着多间礼拜堂，最里面的第一间开始，叫做圣母柱礼拜堂（Our Lady of the Column Chapel）。这间礼拜堂是米开朗基罗的继任者迦科莫的作品，里面包括教皇圣利奥一世祭坛和圣母柱祭坛。此间礼拜堂得名于一幅叫做《祈祷的贞女》的画作，这幅画是圣彼得大教堂重建之前，老教堂一根柱子上遗留的旧作。1607年，迦科莫用上好的大理石和珍贵的雪花石膏柱作装饰，将这幅画安置在这座礼拜堂内的圣母柱祭坛，礼拜堂名称就此而来。在第二届梵蒂冈议会会议之后，教皇保罗六世将这幅画命名为"Mater Ecclesiae"（母会，即众教堂之母）。1981年，教皇约翰保罗二世将这幅画的马赛克复制品放置在圣保罗大教堂面向圣彼得广场的外廊柱上，以便晚上也可供人观赏。这所礼拜堂内还安装了镜子，折射阳光以作室内照明。

离开圣母柱礼拜堂继续前行，经过的是教皇亚历山大七世纪念堂（Monument to Alexander VII），贝尼尼80岁时制作的生命中最后一件伟大的作品，也是圣彼得大教堂中最著名的作品之一，当然，有很多艺术家为贝尼尼助了一臂之力，其中的四座神像便是出自四位艺术家之手。

亚历山大七世纪念堂，贝尼尼的最后作品

南侧继续前行是克雷芒礼拜堂（Clementine Chapel），里面包括有圣·格雷高利一世祭坛、比奥七世教皇祭坛、谎言祭坛（Altar of the Lie）和变容祭坛（Altar of the Transfiguration）。从这里向北侧望去，你会发现一个巧合：对面正是格雷高利礼拜堂，在那里的圣母救助祭坛上，有格雷高利一世的塑像，那座祭

坛是由米开朗基罗负责设计和建造，但是没能完成，最后由继任者迦科莫（Giacomo Della Porta，1540—1602年）接替施工并告竣。这座克雷芒礼拜堂由克雷芒八世教皇专为纪念格雷高利一世教皇而修建，同时为了1600年的圣年，克雷芒八世花重金装饰这个礼拜堂，使用了大量名贵的装饰材料，包括罕见的石材、精致的马赛克、高雅的镀金雪花白石膏雕塑等，将这个礼拜堂装饰得美轮美奂。这项工程同样委托的是米开朗基罗，同样是因为米开朗基罗中途病逝，最终由迦科莫接替完成，赶上了那一年的圣年大礼。

在南侧靠近出口的地方有一座很特别的墓碑，那是英国王室斯图亚特家族最后三位成员的墓地，分别是詹姆士三世和他的两个儿子邦尼王子查理和亨利。这座位于圣彼得大教堂内的流亡王室的墓，是英国在任国王乔治三世出资修建的。乔治三世1760年登基，1820年去世，他在1817年委托意大利雕塑家卡诺瓦设计建造这座墓，算是给斯图亚特家族画上了一个比较隆重的句号。他请到的雕塑家卡诺瓦非同小可，是当时新古典主义学派的领军人

克雷芒礼拜堂专为纪念圣格雷高利一世教皇而建

物，这件作品自诞生以来，一直是圣彼得大教堂内与众不同的耀眼之处。新古典主义原本是无宗教色彩的，卡诺瓦成功地在这一基础之上叠加上宗教的光芒，简洁的线条加上类金字塔的台城式造型以及石材表面平润的光泽，都是新古典主义的特征，即抽取古典美学造型中的几个要素，但并不大量使用繁复的装饰。古典主义太过完美，新古典主义要想找到既新颖又有厚度和张力的表现手段来超越古典主义，确非易事，卡诺瓦借力于宗教精神是他多种尝试中的一种，用在圣彼得大教堂可谓再合适不过。

斯图亚特王室家族最后成员的墓地

南侧的最后一个小礼拜堂是洗礼池礼拜堂。1722年，这个小礼拜堂内的装饰由卡洛（Carlo Fontana，1634—1714年）完成，是公认的圣彼得大教堂中最漂亮的小礼拜堂之一，正中间是一座洗礼池，至今每个星期天还都用来做洗礼，小礼拜堂因此得名。洗礼池的红色斑岩最早来自一座异教徒陵墓的装饰材料，后来被当做罗马皇帝奥托二世石棺的棺盖，最后被制成洗礼池。池盖的部分特别引人注目，作者乔万尼（Giovanni Giardoni），是洛可可风格成熟期的作品，全部铜镀金的材质，下边是螺旋形纹样和小天使造型，上帝的羔羊端坐上中，两边天使的手持物一个代表圣三位一体，一个是意大利版图。

洗礼池礼拜堂内的主要装饰品是精

洗礼池礼拜堂内的圣洗池

美的马赛克壁画，取自画家马契兹和卡洛马拉塔1696–1698年间的作品，题材是圣洗者约翰在约旦河为基督施洗。除了画作之外，马赛克装饰更遍及礼拜堂内的拱梁和圆形窗框，拱梁上表现的是欧洲、亚洲、非洲、美洲四大洲住民皈依天主教的场景，窗框上则集中了著名的洗礼场景，例如耶稣为彼得施洗，还有很多与洗礼有关的标志性事件，比方摩西令岩石流出清泉等，不一而终。这里面包含了圣彼得大教堂内最重要的元素：宗教仪规、宗教故事、绘画艺术、雕塑艺术、马赛克装饰艺术和建筑艺术，用它来做整个教堂之行的结尾真是十分贴切。

梵蒂冈博物馆

匆匆吃完午饭去梵蒂冈博物馆，只见博物馆入口门头上有座雕塑，是两位艺术巨匠拥着一枚教皇皇徽，米开朗基罗在左，拉斐尔在右，下面简洁地刻着"MVSEI VATICANI"（梵蒂冈博物馆）。

梵蒂冈博物馆大门

进门穿过走廊便来到了皮戈纳庭院（Cortile della Pigna），美丽的大面积的黄色扑面而来，有黄土的亲切，又有秋季的丰腴，让人在平静之中鼓动起些许激情，满心期望着即将来到眼前的旷世珍奇。

在皮戈纳庭院最瞩目的当属美景宫，整座楼那么高的壁龛前就是著名的铜铸松果，那个不知多少次出现在旅游指南中的场景，眼熟而又异样，因为它太高大了，不身临其境便很难体会，两只娇俏的铜铸孔雀分立两边，更显得松果硕大无朋。只有罗马才会这样，这

壁龛是利古奥里设计的，专为铜铸松果安新家

组雕塑本是老圣彼得大教堂中喷泉的一部分，在教堂彻底改建的时候被移到这里，现在是遗物，我们已经看不到喷泉的全貌，无法体会它真正的美丽，在罗马，这种事司空见惯，这里有太多历史的残片，随便收拾起来再组合，就成为新的景致，不同历史时期的物品堆积在一起，罗马便是这种堆积的总成。

梵蒂冈博物馆一共有20多个分馆，展览线路长达6千米。为了方便参观，馆方设计了多种参观路线，用时从90分钟到5小时不等，用不同颜色加以标注，访客可以按照自己的时间条件选择。

最先进入的是古希腊和罗马艺术品展区，第一个是基雅拉蒙地博物馆（Chiaramonti Museum）。它最初借用了教皇英诺森八世（1484—1492年）官邸的一条通道（标注为Corridoio），由建筑师卡诺瓦于19世纪初设计改建为博物馆，后来增加了新布兰卡奇欧展室（Braccio Nuovo）。基雅拉蒙地通廊位于皮戈纳庭院东侧的这一排建筑的一楼，二楼则是埃及和亚洲艺术馆。

基雅拉蒙地通道内一共分为60个单元，按时间顺序展出各个历史时期的雕塑作品，藏品数量超过800件，语音导览机选择其中的少部分作品讲解，可驻足细看。这个展区的大部分展品都保持着

基雅拉蒙地通道两侧被密密麻麻的展品占据

灰扑扑的状貌，和其他著名博物馆的藏品比起来似乎疏于关照，事实上，这些藏品都是历任教皇从各地获得的珍贵文物，虽然有些残损，作品的表面不那么鲜亮光洁，但是大多数都是古希腊或古罗马雕塑作品的原件或孤品，令其他博物馆无法望其项背。

基雅拉蒙地长廊往前连接着拉匹达瑞长廊（Galleria Lapidaria），那里面收藏着3500件基督教和其他宗教的文字石碑，其中基督教的只有900多件，整体上品种、数量之丰富，全世界首屈一指，史料价值极高，普通游客不得入内，分界处设立铁栅隔开，需要经过特别预约方能进入。它们分界的地方靠近梵蒂冈图书馆，与图书馆平行的通廊就是归入基雅拉蒙地博物馆的新布兰卡奇欧展室（Braccio Nuovo），又称"新翼"（New Side），实际上就是皮戈纳庭院正南这排建筑的一层。

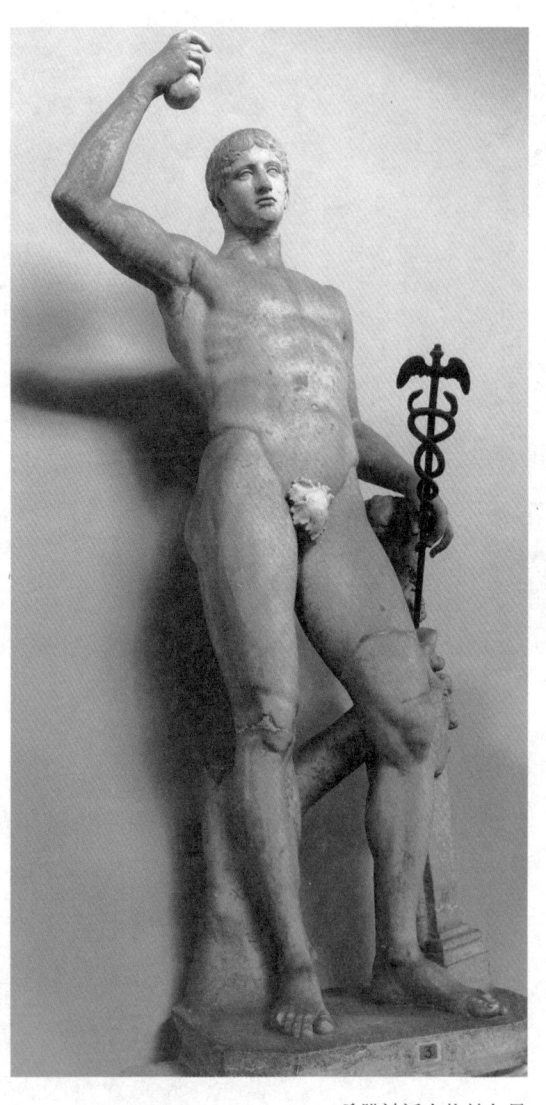

希腊神话人物赫尔墨斯（Hermes）雕塑

新布兰卡奇欧展室非常宽敞明亮，阳光斜着照射进来，这在普通博物馆几乎不可想象，通常温度和光照都是全部人工控制的。地上是大面积的马赛克拼镶画，精细优雅，长廊两侧修建了数个拱形壁龛，每个壁龛内都有一座精挑细选来的雕塑，在阳光下显得特别生动，走在这条长廊里，如沐无限风光，每一寸空间都是人类文明

阳光自然投射进新布兰卡奇欧展室

的精粹，似乎古希腊、古罗马诸神都在注视着你，善意地邀请你来到他们的世界。

欧里庇德斯雕像可能是新布兰卡奇欧展室内非常特别的一尊，欧里庇德斯（Euripides，公元前480年—前406年）不是君王，也不是神，而是古希腊戏剧家，与埃斯库罗斯和索福克勒斯并称为希腊三大悲剧大师。他出身贵族，但不喜社交，热衷于关门读书，爱哲学和诗歌，并因此与苏格拉底成为好朋友。或许是有了太多的哲学思考，评论界有人认为他的作品因此缺乏戏剧性，而另一派则认为哲学令悲剧更具深刻意义，是戏剧之为现实之鉴的最佳境界。欧里庇德斯身处希腊从黄金时期走向内战的年代，他不可避免地拿起戏剧武器批判现实，最终被迫流亡马其顿，并终老于他乡。纵观历史，戏剧不是成为批判现实的武器，就是变成粉饰太平的工具，究其缘由，实在是因为戏剧的影响力太过巨大，而戏剧人又是那样的得天独厚，一旦登台便圣神不可侵犯，搞得各方势力都想伸一把手，做戏剧的人因此很容易决定或被决定命运，或是坚守端直、不拘清贫，或卖身投靠、名利双赢。唯当太平盛世，戏剧人才可能因恪尽职守而安享荣华与声名，可惜古往今来，这样的年代少之又少。没赶上大可不必遗憾，赶上了，也别只顾开心，你若喜爱戏剧，那你一定懂得人生如戏，人乃匆匆过客，多少未来的好戏我们都注定看不到，眼下能看就多看看，无论精彩或拙劣都看着就是了。

新布兰卡奇欧展室参观完毕，就看完了基雅拉蒙地博物馆的全部展品，我们原路返回到美景宫，参观庇欧-克雷芒博物馆，这是梵蒂冈博物馆中有关古希腊、古罗马艺术的又一个重要场所，就在美景宫内，首先来到的是美景宫八角庭院（Cortile Ottagonale）。1773年，原美景宫庭院被改建为八角庭院，用于展示一些极不寻常的雕塑作品，每一件几乎都可以成为世界上少数几个顶级博物馆的镇馆之宝，然而他们却在罗马教廷的庇护下齐聚于这个小小的庭院，不能不说是个奇迹。

欧里庇德斯雕像

先看两座有关雅典娜的雕塑，第一座是意大利雕塑家安东·尼卡诺瓦（Antonio Canova，1757—1822年）在1800—1801年间创作的经典作品《拿着美杜莎头颅的柏修斯》。美杜莎公然与雅典娜比谁更美，被雅典娜变成满头蛇发、相貌极丑的魔女，谁与她对视一眼就立刻中魔化为石头。柏修斯是宙斯的儿子，雅典娜同父异

柏修斯拎着美杜莎的头颅

母的弟弟，他借用盾牌反光避开与美杜莎对视，砍下了她的头颅，交给雅典娜，做了她盾牌盒胸甲的装饰。雅典娜用法术将美杜莎变成蛇发妖女以至危害众生，却不再用法术除害，而是让自己的弟弟冒险砍其头颅回来做盾牌的符咒，雅典娜还兼有智慧之神的头衔，看来她的智慧还颇有工于心计的成分。这座雕像表现的是柏修斯回来向雅典娜奉献美杜莎头颅的那个瞬间，这件作品是卡诺瓦经历了新古典主义创新阶段后对古典主义重新认识的作品，具有鲜明的古希腊雕塑成熟期的特征。几乎所有站到它面前的游客都会忍不住猛然惊呼，因为大家对这件作品太熟悉了，时时出现于各类出版物和宣传品中，然而真站到作品面前的时候以往的熟悉顷刻颠覆，代之以强烈的真实所带来的强烈冲击与震撼。

八角庭院内另一件与雅典娜有关的作品是《拉奥孔》，这是一件有特殊意义的雕像，我们先接着前面故事往下说。两条巨蟒受雅典娜派遣来到特洛伊城内祭坛上找到拉奥孔的一双儿子，拉奥孔闻讯赶来，父子三人全被巨蟒缠住，在挣扎中死去，这尊雕塑仿佛凝固的一幕，无论人或蛇都是鲜活的，面对雕像正面，看得见居中的拉奥孔痛苦抗争，蛇头正对着他的骶间张开大口，目光冷酷凶残；左边的儿子已奄奄一息，失去了反抗的能力，用手盖住胁下的蛇头，似乎是求它不要再给自己痛苦；而右边的儿子似乎还没有被蛇

《拉奥孔》从来都是经典的代名词

过多地缠上，尚处在惊惧之中，他完全被眼前的景象吓坏了，极为忧虑地望着父亲，一边极力摆脱左脚上的蛇身，根本没有意识到死亡离他也很近。这一幕成为永恒，留在每一个见过它的人的心里。如果说从《拿着美杜莎头颅的柏修斯》那儿人们还可能联想到英雄除恶，那么《拉奥孔》讲述的只能是残害无辜，雅典娜的名字也永远和这一幕联在一起，人们多半会忘记自己对特洛伊之战的立场，为了这骇人的一幕而对雅典娜颇有微词。

《拉奥孔》雕塑在好几个著名的博物馆中都有，且年代都很久远，比如位于俄罗斯圣彼得堡的艾尔米塔什国立博物馆（即冬宫）和巴黎卢浮宫，究竟哪一座是原作？答案就在眼前，梵蒂冈博物馆

大力神赫拉克勒斯身披狮皮的塑像，看上去年轻英俊，和其他许多博物馆中的壮年形象相去甚远

的这一座是1506年1月14日在罗马的圣母玛利亚主教堂旁边的葡萄园地下被偶尔发现的，米开朗基罗受教皇于勒二世指派亲自去发掘现场考察，《拉奥孔》从此为世人所知，一时间出现了很多仿制品，而这一件则被于勒二世当机立断买下，一个月后向公众展示，并就此萌生了建立梵蒂冈博物馆的念头，可以说，是《拉奥孔》促成了梵蒂冈博物馆的问世。

八角庭院内有为数不多的壁龛，能放在那里的雕塑极为幸运，算是陈设效果最好的位置，在那里，我们看见了大力神赫拉克勒斯、赫尔墨斯和雅典娜。

赫拉克勒斯（Heracles）是宙斯与阿尔克墨涅偷情的结果，当然招致妻子赫拉的不满，施计令赫拉克勒斯出生后被母亲遗弃，然而人算不如天算，这个躺在野地的小生命恰被赫拉路过碰上，在不知情的情形下赫拉用自己的乳汁喂了赫拉克勒斯，使他无意中成为大力神。赫拉克勒斯8个月大时，赫拉再起杀心，派了两条蛇去，结果蛇被赫拉克勒斯掐死在摇篮里。他的身上总是披着一张狮皮，那是因为他过失杀了自己的音乐老师被罚到乡下放牧时，杀了猛狮所得的战利品。赫拉克勒斯的声名一直非常好，总是乐于助人，力大无比却从不祸害他人，先是立下十二项大功，后

来还参加阿尔果斯远征、解救过普罗米修斯，他的力大无穷、勇猛无畏和诚实忠诚成为日后人们心目中大力神的经典形象。按照宙斯的意志，他最终成为奥林匹斯之神，并得以与赫拉和解，由赫拉做主与青春女神赫柏结为夫妻。

赫尔墨斯是希腊奥林匹斯十二主神之一，在前面的基雅拉蒙地通道内曾经见到过一尊赫尔墨斯像，八角庭院内的这一尊显然显然要青春靓丽许多。他在罗马神话中的名字是墨丘利（Mercury），太阳系八大行星中水星的名字。他是宙斯诸多外遇的结晶之一，母亲是风雨女神迈亚（Maia）。赫尔墨斯主要担当畜牧之神的角色，他有一双带飞翅的鞋，行动迅速，和中国神话《封神榜》中的神行太保戴宗很像，水星用了他的名字也是因为星球的运行速度很快。赫尔墨斯因而做了宙斯的传旨者和信使，他神采飞扬的途中形象给人以安全感，人们在路旁设立他的神柱保佑旅人平安。那时商人多行旅，久而久之，就成了商业的庇护神，他手中那根两条蟒蛇盘旋缠绕而成的信使节杖，至今仍出现在各国的海关标志上，表示海关对贸易和旅行的保护。当然他也是机智狡猾的代言，精通窃术，曾经偷过父亲宙斯的权杖、波塞东的三股叉、异母兄弟阿波罗的金箭银弓等，大都是为了戏耍，不料因此成为后世小偷们膜拜的神。他还是七弦琴的发明者，并将它送给阿波罗，阿波罗从此掌管音乐和格律。

赫尔墨斯像兼具青春健康和少年青涩

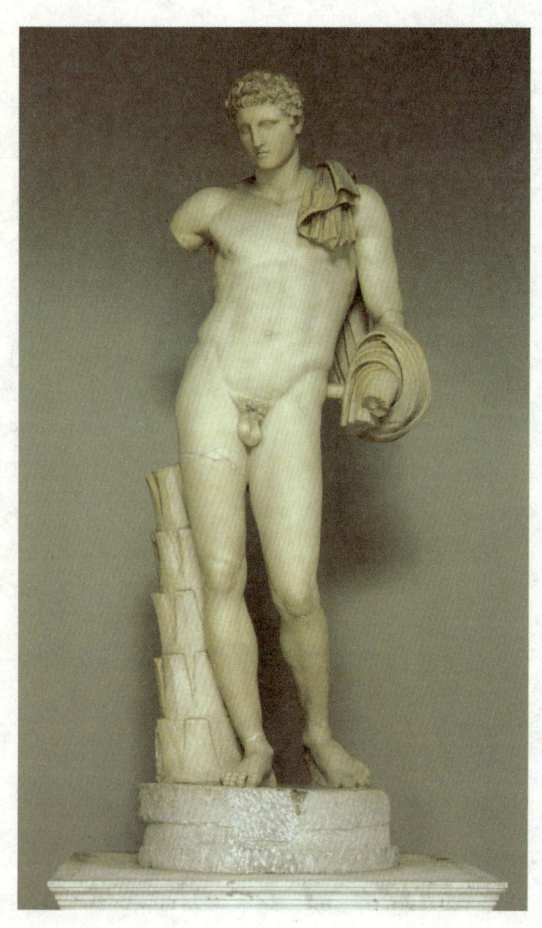

赫尔墨斯的青年形象

庭院里有一尊青年形象的赫尔墨斯大理石雕像，是公元2世纪罗马人制作的复制品，具有古希腊著名雕塑大师普拉克西特列斯（Praxiteles）的风格，据此推断其原型是公元前4世纪普拉克西特利斯创作的青铜像。有关这座大理石雕像的准确记载则始于1543年，时任教皇保罗三世付给尼古拉斯·帕里斯一千金币购得此雕像，随即送到美景宫花园，相信这座雕像是帕里斯在圣天使城堡附近自家的花园内发现的。披风一端绕在左手，一端甩搭在肩上，人物在行旅中，身形健硕，气度优雅，刚一展出便声名鹊起，都说它是最完美的人体，有最完美的头部和面容，是雕塑的典范，以它为蓝本的复制品被重要的博物馆隆重收藏。至于人物是谁，一直众说纷纭，开始说它是安提诺乌斯（Antinous），后来又说是希腊神话中的英雄梅利埃格（Meleager），直到19世纪20年代，意大利文物与艺术史学者维斯康蒂给出了正式结论，认定这是赫尔墨斯像。

八角庭院内还有三座体育题材的雕像，分别是《擦光》、《拳击手克雷乌甘特》和《拳击手达摩色》。《擦光》又名《刮汗污的运动员》，作品表现一位运动员在运动后沐浴时用刮身板刮去汗污的场景。刮身板（Strigil）是一种形似镰刀的工具，只不过它的弯曲部分呈带状，而不是镰刀那样有刃的薄片。在肥皂出现之前，沐浴的流程是先用香氛油涂遍全身，再用刮身板将油与汗污一并刮去，再用水清洗全身，这是古希腊与古罗马时期的通行做法。这件作品的原型是古希腊雕塑家留西波斯（Lysippos）于公元前330—前320年间创作的青铜像，现在看到的大理石像是罗马时期的仿品，1849年出土于梵蒂冈南边两千米的特拉斯提弗列（Trastevere）。运动员手中的刮身板已经损毁，欣慰的是整件作品仍基本保存完整。利西普斯在创作成熟期将雕塑中人物的头身比从1∶7改为1∶8，令作品呈现微妙的修长美感。他说，别人都在如实照搬，我所表现的是他们都不曾发现的真实的美。很多评论家认为，这件作品的原型应该是利西普斯改变头身比之后的代表作，是古希腊雕塑中具有里程碑意义的典型作品。

从八角庭院回到室内，进入庇欧–克雷芒博物馆的动物室，这间展室里全部是动物或者与动物有关的雕塑，看似很具象，但实际上它们都是神话中的某个情节，虽然写实，但并非泛泛所指，大都是有名有姓有故事的。

居中最重要位置的一座雕像很不一般，是希腊神话英雄梅利埃格（Meleager）。梅利埃格是卡吕冬国王俄纽斯和阿尔泰亚的儿子，据说在他出生时，命运三女神说他生命将随着一块原木在火中烧毁而终止。阿

《擦光》，头身比1∶8的古希腊雕塑代表作

梅利埃格杀死卡吕冬野猪

尔泰亚将这块原木藏起来，以保儿子生命无虞，梅利埃格得以顺利成长为英俊青年。由于卡吕冬国疏于祭拜狩猎女神阿耳特弥斯（Artemis）令这位颇有点脾气的女神非常不满，便放出一头体形硕大双眼喷火的怪物前去摧毁这个国家，这就是著名的卡吕冬野猪（Calydonian Boar），所到之处令百姓家园尽毁，四散奔逃。卡吕冬国王子梅利埃格带领各路豪杰，誓与怪物决一死战，英勇的女猎手阿塔兰特要求参加战斗，起初遭到其他男猎手的拒绝，在梅利埃格的劝说下大家才勉强同意。战斗非常惨烈，两位猎手首先殒命。阿塔兰特勇猛无比，最先一箭命中卡吕冬野猪背部，猎手安菲亚拉欧斯接着射中它的眼睛，梅利埃格冲上前去给它腰部致命一击，卡吕冬野猪轰然倒地。梅利埃格一开始就对阿塔兰特心生爱慕，分配战果时还不犹豫地用野猪皮重奖予她。一同参战的两位猎手普莱克斯普斯和特克修斯是梅利埃格母亲阿尔泰亚的兄弟，对此非常不满，生生从阿塔兰特手中劈手夺下野猪皮，他们认为女人不配得到这样的荣誉。此举大大激怒了梅利埃格，一气之下，将两位舅舅杀死。他的母亲阿尔泰亚闻听此讯极为震怒，掏出怀中的原木丢进火堆烧成灰烬，梅利埃格真的在原木燃尽时气绝身亡。这确实是一个轰轰烈烈的悲剧，阿耳特弥斯成了最后的赢家。

离开动物室,我们走进萨拉德尔圣母院,这是隶属于庇欧-克雷芒博物馆(Pio-Clementine Museum)的最后一间展室。

先走进的是缪斯厅(Sala Della Muse),大厅正中陈列着著名雕塑"美景宫之躯"(Torso del Belvedere),这件作品仅有一段残存的躯体,坐在铺着兽皮的石头上,头和四肢大部都不知去向,人们一直试图分辨兽皮的种类以推断躯干的主人,比如假使是狮子皮就可能是赫拉克勒斯,要是野猪皮就可能是梅利埃格,然而至今没有最终结论,据分析,铺着的应该是豹子皮。这是一件公元前2世纪的作品,但是如何被发现却没有记录,只是在1515年作为私人收藏品开始进入公众视线,16世纪中叶开始出现在梵蒂冈美景宫花园,并因此得名。这件作品真正的重要性体现在它对文艺复兴、矫饰艺术(又称手法艺术)和巴洛克艺术的影响,几代艺术大师包括米开朗基罗和拉斐尔在内都由衷地表达过对这件作品的敬畏。教皇于勒二世(Pope Julius II)曾要求米开朗基罗复原这尊躯干的头和四肢,被米开朗基罗婉拒,他说,它已如此完美,何苦画蛇添足。与此同时,米开朗基罗用自己特有的方式表达了这种敬意,在西斯廷教堂的壁画中,不止一次用到了这尊躯干特有的扭曲、贲张的元素,例如《最后的审判》中的圣巴塞洛缪(Saint Bartholomew)和《创世纪》中的先知。

美景宫之躯

海神波塞冬的马赛克
连环画

安提诺乌斯的青年形象

　　缪斯厅后面是圆厅（Sala della Rotonda），又称圣母堂（Sala delle Dame），高大的穹顶下方正中放着一只巨大的斑岩圣水盆，地面上铺满华丽的马赛克，最靠里面的一圈是海神波塞冬与诸神交战的"连环画"，外面一圈是波塞冬与海仙女安菲特里特及海怪在一起，安菲特里特最终成了波塞冬的王后，此时的她还没有皇冠，波塞冬则殷勤备至，好不温情脉脉，而神话中的故事却是波塞冬对安菲特里特一见倾心，扑身上前，吓得安菲特里特姐妹潜海逃离，波塞冬派海豚狂追，安菲特里特最终没能逃脱，做了波塞冬的新娘。

　　圆厅陈列了一圈大理石塑像，其中一位是安提诺乌斯，不过这里的他已不是少年的形象，而是幻化为高大威武的青年，英气逼人。其实他去世时只有二十岁多一点，这尊雕塑应该是艺术家心目中安提诺乌斯走出青涩后真正迎来黄金岁月的形象。

　　出了门就是希腊十字厅，这里最有名的是两件巨型红色斑岩石

吹笛少年

雅典娜马赛克肖像

棺，分别属于君士坦丁大帝的妻子和女儿，它们是公元350年左右的作品，于18世纪下半叶由时任教皇庇护六世以50万里拉加半年时间的代价收进梵蒂冈博物馆。地面上的雅典娜马赛克肖像，带着战神标志的盔帽，色彩极为鲜艳，全部由天然石材拼贴而成，四周围绕着月相，整组作品具有鲜明的拜占庭风格。

希腊十字厅的后面紧接着一座漂亮的大楼梯间，长长的步梯通往二楼，步梯的上方罩着半圆形的顶棚。上到二楼，眼前是一条好像没有尽头的长廊，进门的第一个展室是烛台厅（Galleries of the Candelabra），接着是挂毯厅和地图厅，三个厅占据整个长廊，走到走廊尽头之后，会进入拉斐尔室和西斯廷教堂。

烛台厅长80米，最初由教皇庇护六世（Pope Pius VI）出资，于1761年正式建成开放，名字源于厅内八只巨大的白色大理石烛台。事实上，如今烛台还在，但已经被人们忽略，大家的目光都集中在这里摆放的雕像上，它们大部分都是罗马时期仿公元前古希腊青铜雕塑的作品，比较著名的有《少年与鹅》。我自己更喜欢这件《吹笛少年》，他所处的年代还没有形成如今人们熟悉的古希腊雕塑形象特征，人物的姿态更接近于自然，我们能够从塑像上看到早期古希腊雕塑家已经具备了完美的造型能力，生动传神之余，交叉的双腿也已经有了后来成熟期作品的影子。不知什么原因，那些青铜雕塑作品大都消失殆尽，只有这些古罗马人制作的大理石仿品留了下来。

其实更吸引我的是烛台厅里天顶及两侧壁画，它们是教皇利奥十三世在1883—1887年出资重修烛台厅的时候留下的杰作，为了那一次重修，他委托教廷画廊督查路德维希·塞茨（Ludwig Seitz 1844—1908年）和艺术家多米尼克·托蒂负责天顶及两侧的壁画和石膏雕塑装饰。1323年6月18日，教皇约翰二十二世在阿维尼翁封阿奎纳为圣人，在壁画《圣托马斯·阿奎纳向教廷跪奉著作》中，阿奎纳已然头顶光环，双膝跪地，在天使的陪伴下向教廷奉献神学著作。代表罗马教廷的是一位头戴皇冠、手持耶稣受难十字架的红袍女性。值得注意的是这幅壁画的前景还有一位多半身裸露、谢顶、虬发的中年男子背对阿奎纳端坐着，脚踏石上的一行小字是他的名字：ΑΡΙΣΤΟΤΕΛΗΣ，那是亚里士多德（公元前384—前322），据说他

路德维希·塞茨领衔绘制的《圣托马斯·阿奎纳向教廷跪奉著作》

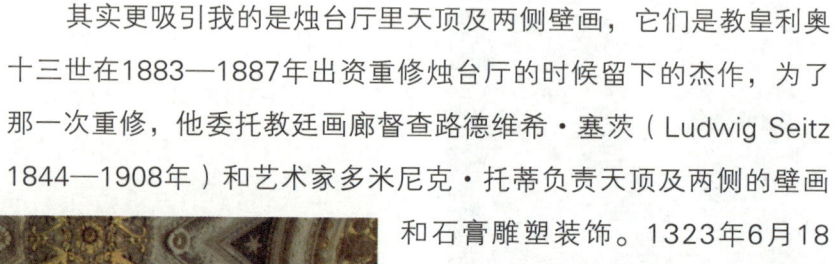

是以人类理性化身向世人昭示阿奎纳著作的伟大力量。托马斯哲学学派起源于亚里士多德学派和经验主义，一直尊奉亚里士多德，将他有关世界起源的观点作为重要的理论基础。

紧接着的是挂毯厅和地图厅。挂毯厅的两侧全部是15世纪和17世纪的挂毯藏品，其中部分作品是教皇利奥十世于1515年委托拉斐尔设计的，历时一年完成。1620年，画家鲁本斯意外地在查尔斯·奎因为英国查尔斯王子代购的物品中发现了这批画在厚纸板上的设计图，几经易手，最终由英皇威廉三世买下，先后曾在白金汉宫、汉普顿宫和白厅展出，最后于1858年确定由南肯辛顿宫博物馆防火画廊永久收藏，向普通大众开放。这批拉斐尔的设计的挂毯完成于1531年，此时利奥十世教皇已谢世，他的继任者哈德良六世教皇也已谢世，时任教皇克莱门特七世出面接收了这批珍贵的挂毯，最先布置在西斯廷教堂，到1838年时，才由教皇格雷戈里十六世决定移到现在的挂毯厅。经过织毯工匠二次创作后的拉斐尔画作在柔和的灯光下折射出柔滑的光芒，你在走动的过程中，丝光如同涟漪在你眼前缓缓泛动，美妙异常，这些都需要你细细体会。毋庸置疑，挂毯的内容全部是宗教题材，结合圣经故事来看，许多熟悉的情节都在画家笔下呈现。

地图厅长120米，宽6米，由格雷戈里十三世教皇（1572—1585年）在任内装修而成，得名于厅内两侧墙壁上的40幅意大利地图，它们绘制于1580–1583年，翔实记载着格雷戈里十三世教皇在任期间的意大利疆域全貌，也是16世纪意大利地理信息最完整的记录，作者纳齐奥西隆·丹迪是一位著名地理学家。可以清楚地看到，亚平宁山脉将意大利分为两个部分，一边是利古雷和伊特鲁里亚海地区，一边是亚得里亚海沿岸，每个地区的地图都配着一幅主

要城市的地图。这些地图内容如此清晰，色彩如此鲜艳，作为实用显然过于奢华，但是作为艺术品，它们又过于具体翔实，没有什么浪漫的成分，两种特质相交叠，这些地图真的是独一无二的。当然，你的目光或许不会在这些地图上过多停留，因为地图厅的天花板华丽到无以复加，以至于大多数游客都情不自禁地仰着头走完这120米，根本无暇顾及墙上的地图。整个天花板被石膏边框对称地分割成很多个小单元，每个小单元内或壁画，或石膏雕塑，或金箔图案，连分割用的石膏边框也不简单，繁复的造型和艳丽的彩绘，这种层层叠加出来的绚烂确实夺人眼球，边走边看边惊叹，走到尽头时或许还觉得意犹未尽，不过如此奢华堆积的富丽未必美，未必能够真的打动人心。

地图厅奢华的天花板装饰

从二楼开始，我们已经走了300米的长廊，穿过烛台厅、挂毯厅和地图厅，不知不觉中来到了梵蒂冈博物馆不可错过的精彩之一，下一站是拉斐尔室。

朱利奥二世在1503年就任教皇，但是他不愿意住在他前任亚历山大六世留下的房间内，决定搬到楼上尼古拉五世教皇在15世纪时用过的房间内，也就是如今拉斐尔室所在地。决定由拉斐尔领衔装饰这一组四个房间之前，其实已经有一批著名的艺术家受朱利奥二世的指派在此工作，其中就有拉斐尔的老师皮埃特罗·佩鲁吉诺（Pietro Perugino），但几年后的1508年，朱利奥二世义无反顾地将全部四个房间都交给拉斐尔全权处理，允许他将其他艺术家此前已经做好的装饰拆除重做。遗憾的是朱利奥二世在1513年离世，当时拉斐尔只完成了签署室，埃里奥多拉室则即将完成，此后教皇利奥十世上任接手。如果说教皇利奥十世也对拉斐尔欣赏备至，还不如说他对拉斐尔索求甚多，刚刚上任，就抓住拉斐尔不放，要他为自己画肖像、给办公室绘制壁画等等，与他的前任教皇朱利奥二世如出一辙。拉斐尔带领他的学生们完成了室内墙壁和天顶壁画，后人因此称它们为拉斐尔室，其实它们因绘画内容的不同而各有各自的名字，按位置顺序依次为康斯坦丁室（即君士坦丁室Sala di Costantino）、埃里奥多拉室（Stanza di Eliodoro）、签署室（Stanza della Segnatura）和火灾室（Stanza dell'Incendio di Borgo）。

　　康斯坦丁室是专为接待和官方仪式而设计的，四面墙上的壁画绘制于1517—1524年，底稿是拉斐尔创作的，不幸的是，拉斐尔本人没能看到完成后的作品，在1520年4月英年早逝，最终由他的弟子们在1524年绘制完成。这个房间得名于康斯坦丁大帝——第一位基督教皇帝（公元306—337年），四幅壁画描述了他一生中用基督教义战胜异教的四个重要事件：《十字架的愿景》（Vision of the Cross）、《康斯坦丁决战马克森提乌斯》（Battle of Constantine against Maxentius）、《康斯坦丁的洗礼》（Baptism of Constantine）和《康斯坦丁的奉献》（The Donation of Constantine）。《十字架的愿景》表现的是康斯坦丁

《十字架的愿景》 预感到只要他将士兵指挥仗上的鹰换成十字架，就能够战胜马克森提乌斯，从而正式确立基督教的地位。画中可以看到指挥仗上是一只鹰，三个小天使在天空中簇拥着十字架，意为神的启示。

非常可惜的是康斯坦丁室同期完成的木质天花板现在已经看不到了，教皇格雷戈里十三世（1572—1585年在位）下令改建天花板，因此无从知晓拉斐尔设计的天花板壁画的内容和样貌。负责改建天花板绘画的是西西里画家托马索（Tommaso Laureti），1582年开始，历时4年完成，内容仍然是康斯坦丁一生中的重要事件，绘制了意大利的8个区，还有欧洲、非洲和亚洲，角落里还有教皇格雷戈里十三世和教皇西斯都五世的纹章等等，色彩艳丽，配饰的石膏雕刻装饰性很强。但是客观地讲，改建后的绘画风格与拉斐尔设计的四面墙壁画大相径庭，艺术表现力也不可同日而语，但历史就是这样，当艺术为政治和权力服务的时候，纯艺术的价值非但不被重视，更奢谈珍惜。梵蒂冈乃至罗马教廷从来就不是艺术家的天堂，米开朗基罗、拉斐尔、贝尼尼以及所有在这里留下作品的艺术家，他们的身份一直都是为教宗政治和权力服务的仆人。

紧挨着康斯坦丁室的是埃里奥多拉室，当时是教皇的私人会客室，壁画创作于1511—1514年。拉斐尔在完成另一侧的署名室壁画之后，应教皇朱利奥二世的要求立即接手埃里奥多拉室的装

饰工作。朱利奥二世1513年去世后，继任的利奥十世教皇主持完成了全部装饰工程。房间内画作的内容都是政治性主题，记录从旧约到中世纪期间那些重要的历史时刻，四幅壁画分别是：《波尔塞纳弥撒》（The Mass at Bolsena）、《圣彼得重获自由》（Deliverance of Saint Peter）、《教皇利奥一世会见阿提拉》（The Meeting of Leo the Great and Attilr）、《将埃里奥多拉逐出圣殿》（The Expulsion of Heliodorus from the Temple）。这个房间得名于最后这幅画，取材于圣经中记载的一段历史：埃里奥多拉受叙利亚塞琉古王派遣侵占了耶路撒冷圣殿的宝藏，上帝应大祭司阿尼亚（Onias）的请求，派一位骑士及两名年轻随从打败了埃里奥多拉并将他逐出圣殿。

《教皇利奥一世会见阿提拉》

　　接下来到签署室，那个著名的、令朱利奥二世教皇对拉斐尔着了迷的签署室，壁画绘制于1508—1511年。毫不夸张地说，这个房间里有拉斐尔最伟大的壁画作品，这不仅是他进入梵蒂冈为教廷服务的第一组作品，而且在美术史上被认为是文艺复兴绘画的开端。室内壁画完成于1508—1511年之间，拉斐尔当时还很年轻，1508年时才25岁。教皇朱利奥二世请拉斐尔为这个房间绘制壁画的时候，这儿是教皇的图书室兼私人办公室，画的内容与房间的功用相呼应，主题分别是代表着人类精神世界最高追

《圣体论辩》

求的"真"、"善"、"美"。《圣体论辩》（Disputation of the Holy Sacrament）用于表现对超自然真理的追求，《雅典学院》（School of Athens）表现理性真理的一面，《神学、美德与法律》（Cardinal and Theological Virtues and the Law）用于表现"善"，而《阿波罗与缪斯诗坛》（Apollo and Muses at Parnassus）则表现"美"。

《圣体论辩》中，云端坐着一排圣师，从左至右可以看到圣彼得、亚当、圣约翰、大卫、圣劳伦斯、犹大马加比、圣斯蒂芬、摩西、圣詹姆斯一世、亚伯拉罕和圣保罗。下面的大理石台阶上离祭台最近的是四位拉丁教堂的神父：圣格里高利一世（用的是教皇朱利奥二世的容貌）、圣杰罗姆、圣安博劳斯和圣奥古斯丁。周围的人群中还能认出一些熟悉的面孔，如西斯都四世教皇（朱利奥二世的叔叔）、但丁等。这幅作品以宏大的场面配合宏大的主题，人在世间论辩，神在天上看，拉斐尔将世人想象的精神世界以生动写实的方式表现出来，整幅画弥漫着令人敬畏的气息，人物的情态却又那么真切，色彩却又如此鲜艳，生动得好像就是发生在身边的真实情境。在这幅画面前，无神论者也会暂时相信上天是真实存在的。

拉斐尔室最为人熟知的作品之一是《雅典学院》，他用举重

《雅典学院》

若轻的方法令画面充满自然随性的气息，观者仿佛随意走进雅典学院，看见大师们相互交谈或各行其是。柏拉图（Plato）居中指向天空，拿着自己的著作《蒂迈欧篇》（Timeus），两边分别是亚里士多德（Aristotle）和埃塞克斯（Ethics）；第欧根尼（Diogenes）半躺半靠在阶梯上；米开朗基罗（Michelangelo）在一块大理石上作画，那时他正为不远处的西斯廷教堂绘制天顶壁画《创世纪》；几何鼻祖欧几里得（Euclid）在与学生交谈。年轻的拉斐尔在最右边画了一位戴黑色贝雷帽的人，那是他自己，与大师们比邻。和《圣体论辩》不同，这幅画没有将人们的思绪引入精神世界，而是展示人文科学的伟大，灿若星辰的大师们熠熠生辉，他们是名副其实的人文先驱。就绘画而言，这幅画本身有很多可圈可点之处，无论是透视关系还是人物动静关系，或是色彩搭配关系，都呈现出清新、雅致和明亮的气度，与此前依靠强烈明暗对比突出人物、用大面积暗色表现威严的风格完全不同。人们对拉斐尔这幅画的赞誉远远超出了美术范畴，因为它总是让人相信，曾经在历史上有过这样的时代，人类可以积极探索新知，坦诚自由论辩，整个世界在文明的力量驱动下向前飞奔。它也总是给人一种召唤，唤起内心对文明、和平、世界大同的憧憬。

《波哥火灾》，这个房间因此画而得名

最后一个房间被命名为火灾室，壁画完成于1514—1517年。在朱利奥二世教皇任内，这里其实是教廷高等法院的会议室，教皇在此举行"以感恩和正义的名义签署"仪式，功能和16世纪中叶的签署室一样，也就是说后任教皇将仪式的地点从这里搬到了隔壁的签署室，室内的天花板壁画内容就是和这个会议有关的，绘画作者是皮特罗（Pietro Vannucci），完成于1508年，不是拉斐尔的作品。教皇利奥十世（1513—1521年在位）上任不久把这个房间改为餐室，在拉斐尔完成了埃里奥多拉室壁画之后，命他和学生们着手对这个房间的大部分进行重新装饰，仅保留了天顶壁画。利奥十世教皇希望用墙上的四幅壁画来表达他的政治诉求，特意选取了与自己同名的两位前任主教身上的真实故事，分别是利奥三世教皇的《加冕查理曼》（Crowning of Charlemagne）和《利奥三世的声明》（Justification of Leo III）以及利奥四世教皇的《波哥火灾》（Fire in the Borgo）和《奥斯蒂亚之战》（Battle of Ostia），每幅画中的教皇形象用的都是里奥十世教皇本人的肖像，每幅画的下方都绘有一位或两位皇帝的单色坐像，作为教会的护佑者。这种安排现在看来有点不可思议，但这却是当时政治现实的真实写照，即教廷高于皇权。

至此看完了拉斐尔室的全部四个房间。这组作品让我们一方面看见拉斐尔的艺术成长过程，从起初的激越青春到后来的睿智沉稳，他用生命的最后12年走完了这个过程，没有哪里比这儿更能体现这位早逝大师的艺术生命全貌；另一方面，作为文艺复兴时期代表人物之一，拉斐尔这一组画为我们展示了那个时代背景下，艺术创作与政治环境的微妙关系。

西斯廷教堂和拉斐尔室在整个建筑的同一端，拉斐尔室在二层，西斯廷教堂在另一边的一层，很快就能走到。一路上的人越来越多，气氛也莫名其妙地越来越紧张，慢慢地变成要排队，变成要比肩继踵地往前挪动，等到真正进到教堂大厅里面的时候，只觉得非常暗，到处都是人，随机形成的人潮缓缓流动，很像是耶路撒冷朝圣的缩小版。大多数人的姿势几乎都一样，就是仰面朝天，天花板上是米开朗基罗的旷世奇作《创世纪》，那是用任何语言都无法描述的作品，每一个画面，每一个人物，都仿佛叠印着米开朗基罗仰面朝天作画的身影。

《创世纪》

《末日审判》

　　24年之后的1536年，米开朗基罗开始为西斯廷教堂奉献另一个奇迹壁画《末日审判》。1541年完成，中间曾经因为其他工程而暂停，实际上用了4年时间。和《创世纪》不同的是，《末日审判》中的人物不再是独立的个体，而是成组出现，形成了互相感染的气氛，最特别的是湛蓝的背景，有猜测说米开朗基罗是要用它来体现天堂的纯净。如果说《创世纪》有一种沉静的力量，那么《末日审判》则带着呼啸而来的风，宣示威严。

　　除了米开朗基罗的这两幅作品之外，西斯廷教堂的两侧还各有六幅壁画，完成于1481-1483年，作者都是当时赫赫有名的艺术家，有拉斐尔的老师皮埃特罗·佩鲁吉诺（Pietro Perugino）、佛罗伦萨画派大师桑德罗·波提切利（Sandro Botticelli）、米开朗基罗的老师多梅尼哥·基尔兰达约（Domenico Ghirlandaio）、文艺复兴绘画大师科西莫·罗塞利（Cosimo Rosselli）和卢卡·西尼奥雷利（Luca Signorelli），可惜的是他们的作品被《创世纪》和《末日审判》彻底夺去了人们的注意力，大都被忽略了。

　　从西斯廷教堂出来，前方是一条长长的华美的长廊，那里统称梵蒂冈图书馆，有大小不等十余个房间。据记载，梵蒂冈图书馆的藏书始于中世纪教皇藏书库，正式成立图书馆，要归功于教皇尼古拉五世（1447–1455年在位），他不仅收集藏书，还组织将古希腊文献翻译为拉丁文，使得图书馆同时兼具研究功能，而精美的壁画和建筑装饰是教皇西克斯图斯四世（1471–1484年在位）时代的杰作。梵蒂冈图书馆如今已经成为世界著名图书馆之一，以人文科学藏书为特色，神学藏书尤甚，名人捐献的私人图书室藏品和艺术家手稿也备受学术界重视，著名的藏品包括：瑞典女王克里斯蒂娜捐献的私人藏书，历任教皇捐赠的私人图书室，公元2世纪之前的拉丁文、希腊文、阿拉伯文、希伯来文、波斯文、埃塞俄比亚文和叙利亚文手稿，米开朗基罗绘画草稿和私人信件，波提切利的但丁《神曲》插图手稿等等，对于研究罗马教廷和罗马宗教史、研究文艺复兴运动而言，梵蒂冈博物馆具有不可替代的重要性。

　　在梵蒂冈一整天，让人回味悠久，思辨良多。历史在华丽的外表下层层堆积，你可以披沙沥金寻找真谛，也可以暂时忘掉现实，专情流连于艺术长河。尽管真谛往往残酷，艺术未必清纯，只要我们保有一颗平和的心，这里就永远是一座宝藏。

梵蒂冈图书馆

第四天

我们今天要用一整天时间细细地了解罗马。

这一天是在淅淅沥沥的小雨中度过的。说罗马是一座需要用步行来细细领略的城市，事实证明完全正确。虽然是步行，但是许多地方相距并不远，按照前一天晚上商定的路线，第一站是拿佛纳（Navona）广场。

拿佛纳广场

很多人都说，拿佛纳是罗马最美的广场，好在我们之前不知道有这个说法，否则多半是要失望的，因为它的外表实在不那么醒目，雨天里去更显平淡。这里本是始建于公元1世纪的图密善竞技场，大致是狭长的一条，保留了原先竞技场的轮廓。据说最具代表意义的是广场上的三组喷泉，居中的一组是"四河喷泉"（Fontana dei Quattro Fiumi），南边是"摩尔人喷泉"（La Fontana del Moro），北端是"尼普顿喷泉"（Fontana del Nettuno）。四河喷泉在圣阿尼泽教堂的门前，而摩尔人喷泉则在潘菲理宫一侧。这些喷泉和建筑被认为是巴洛克艺术经典，所以人们说这广场最美，不过历史的真实却并不那么简单，与其说它是巴洛克经典广场，倒不如说它是巴洛克诞生前后艺术史的典型案例。下面就让我们来一一探寻这些作品背后的真实故事。

摩尔人喷泉在潘菲理宫的门前（周小兵摄）

摩尔人喷泉始建于1575年，当时只有水池和池中的四组人物，都是人身鱼尾吹螺号的形象，俗称"男美人鱼"。这座喷泉是雕塑家贾科莫·德拉·博塔（Giacomo della Porta）的作品，贝尼尼于1637年在池中增加了摩尔人与海豚搏斗的塑像，因此很多人都误以为摩尔人喷泉的设计者是贝尼尼。历史上的摩尔人是指征服伊比利亚半岛的伊斯兰人，后来成为罗马人对于拒绝臣服于罗马的北非土著人的统称。但是无论在真实历史还是神话传说中，都没有摩尔人大战海豚的故事，这个形象是贝尼尼杜撰出来的。

北端的尼普顿喷泉又称海王星喷泉，海王星就是罗马神话中的尼普顿（英文：Neptune，意

这是摩尔人喷泉初建时的男美人鱼吹螺号雕像之一（周小兵摄）

尼普顿喷泉初建时的雕像之一

1878年后加上的海王星大战章鱼雕像

大利语：Nettuno），在希腊神话中他的名字叫波塞冬（Poseidon）。这座喷泉比摩尔人喷泉早一年建成，也是贾科莫·德拉·博塔的作品，当时的名字叫做火炉喷泉（Fontana dei Calderari），因为它靠近一家铁器锻坊，那边的炉火烤得喷泉附近总是热气熏天，因而得名，建成的时候并没有中间的海王星大战章鱼塑像，那是到了1878年的时候，也就是300年之后，为了和摩尔人喷泉保持协调，特意请雕塑家安东尼奥·德拉·必塔（Antonio della Bitta）加上的，此后改名叫尼普顿喷泉。和摩尔人喷泉一样，这里新增加的海王星虽然是神话人物，但是与他有关的传说中，并没有大战章鱼的故事，这个形象也是杜撰的。有趣的是海王星的独生子特里同就是男美人鱼，生的孩子全都和他长得一样，擅长吹海螺，如果当年贝尼尼给摩尔人喷泉加上海王星塑像，倒也勉强说得过去，现在则是张冠李戴了。

这两座喷泉在1574—1575年间建成，初建时，都属于16世纪文艺复兴风格，与同时代法国枫丹白露宫喷泉院（1528年）相比就会发现，它们的设计思路和整体风格一脉相承，可谓中规中矩，问题出在17世纪，作为巴洛克艺术的领军人物，贝尼尼凭借他与教廷的密切关系，将罗马当作了巴洛克的大舞台，文艺复兴艺术风格的作品正是他"战斗"的对象。巴洛克艺术从诞生之日起就是与文艺复兴相对立的，教廷需要有人创造超越传统、突破定式、焰光四射的新艺术方式，用来表现教廷无与伦比至高无上的精神形象，贝尼尼做到了，昨天在圣彼得大教堂看见的教堂广场、青铜华盖和圣彼得宝座都是。他将极端戏剧化诠释艺术形象的手法用在人物形象上时，几乎完全忽略人物的历史渊源，提倡艺术家自由发挥和想象，这才会有摩尔人与海豚搏斗、海王星大战章鱼这类臆造故事的出现。局限在那个时期看，这是一种创新，受到朝野一致追捧，成为一种风尚。然而放到历史长河中重新评价，便不难发现，这种做法导致了一个时期艺术作品缺失内涵，沦为纯粹的装饰品，虚无的戏剧性夸张最终导致人们的审美疲劳，作品成为街头摆设，永远也无法和文艺复兴时期的作品一样，成为人们回望历史、寻求精神寄托的对象，这是巴洛克"辉煌"光晕下永远无法摆脱的阴影。很多人把这两座喷泉当做巴洛克艺术典型之作大加赞美，殊不知那其实记录的是巴洛克艺术家反叛文艺复兴传统的历史。

  巴洛克艺术的兴盛，在很大程度上是由于迎合了教廷的需要，这是不争的事实，难怪18世纪在命名"巴洛克"的时候，它本身就包含着"俗丽凌乱"的含义，那是崇尚古典主义的人们对于背离文艺复兴行为的贬称。也许我们如今不应该简单判断孰是孰非，巴洛克艺术风格能够在17世纪风行整个欧洲一定有它的历史背景，文艺复兴从14世纪兴起的时候，也不是纯艺术的空中花园，同样没有与政治绝缘，当时的艺术大家同样在教廷的意志和独立艺术思想之间左突右冲，只不过他们没有像贝尼尼那样对教廷如此言听计从。

1651年，贝尼尼主持设计建造了拿佛纳广场中间的四河喷泉，这是教廷赐予他的又一个辉煌舞台。1644年，贝尼尼的资助人乌尔班八世教皇去世给他造成不小的打击，他的宿敌伺图借机打压他。新任教皇英诺森十世看中了拿佛纳广场，决意在那里建造潘菲理宫。贝尼尼及时与英诺森十世教皇修好，成为他的主要资助对象，在拿佛纳广场的中心建造的四河喷泉为潘菲理宫增色，从某种意义上讲，是他给教皇奉上的一份厚礼。这四座雕像，分别以四个人物形象代表四条河流，借以代表世界四大洲，也就是代表整个地球。按照当时官方的说法，世界是由四大洲而不是五大洲组成的，分别是美洲、欧洲、非洲和亚洲。虽然1606年荷兰人已经到访澳大利亚，但是直到1770年英国人宣布正式发现澳洲大陆之前，整个欧洲只当它不存在，四河喷泉记录的正是这样一段尴尬的历史。真正的尴尬还在于贝尼尼是罔顾真实现实的高手，他的兴趣似乎总在于"表演"，给他一个舞台，他就要上演自编自导的戏剧，于是在狮子和棕榈树旁边的塑像就是尼罗河（Nile）代表非洲；右边是普拉塔河（Rio della Plata），代表南美洲，比之更长的南美亚马逊河被无情忽略，而北美洲当时还没有被发现，密西西比河于是也被忽略了；旁边的多瑙河（Danube）代表欧洲还算说得过去；最后是代表亚洲的恒河（Ganga），虽然它只有区区2500多千米，而世界第三大河的长江6300千米，那时还不被欧洲人知晓。贝尼尼创作的四条河流的形象建立在全新的形象体系之上，完全抛弃了传统河神造型，不仅造型不同，神情也有很大差别。中国传统文化中称黄河长江为"母亲河"，因为河流孕育生命，承载人类生命的繁衍。西方崇拜河神与此类似，河神形象通常都有父亲般宽厚慈祥的面容。贝尼尼创造的新河神形象则更多地带着忧郁和悲伤的情绪，令人费解。另一个遗憾是由于当时人们对世界地理认知的限制，以四河代表四洲来象征世界有所疏漏，所选的四条河流也不全都具备代表性。罗马城内的诸多贝尼尼雕塑作品是今天人们欣赏巴洛克艺术的实物，这是有意义的一面，但是我们是否想过，它们也曾经是那个时代主流社会对世界认知的象征，当权者借助艺术作品宣示对世界的统治地位本不稀奇。

好了，拿佛纳广场的三组喷泉全都看完，按理说应该去欣赏潘菲理宫，但是那里现在是巴西大使馆及文化中心，一般旅行者怕是很难进入的了。让我们转向潘菲理宫的右边，正对着四河喷泉的"在阿格尼的圣阿尼泽教堂"（Church of Sant Agnese in Agone），有点奇怪吧，为什么要指明是"位于Agone的圣阿尼泽教堂"？Agone（阿格尼）的含义是什么？Agone其实就是"竞技场"，而Piazza Navona（拿佛纳广场）的来由是古语的Piazza in Agone，就是"位于竞技场里的广场"。我们已经知道，拿佛纳广场原址是图密善竞技场，这座教堂自然就应该叫做"位于竞技场的圣阿尼泽教堂"，而不称为"拿佛纳的圣阿尼泽教堂"，可见图密善竞技场历史悠久，它的声名远远超过后来建在这里的任何建筑，包括拿佛纳广场本身。

圣阿尼泽教堂

圣阿尼泽教堂显然是纪念"圣阿尼泽"的，她是谁？圣徒阿尼泽公元291年出生于罗马贵族基督教徒家庭，公元304年殉道，年仅13岁。当时的省长要她嫁给自己的儿子，遭到阿尼泽的拒绝，省长一怒下令处死她。因为罗马法律禁止处死处女，省长令人脱光她的衣物赤身裸体地拖她去妓院。阿尼泽一路祈祷，长出长发遮盖了身体，凡有登徒子企图非礼她的，还没靠近便立刻双目失明，阿尼泽因此保全贞节；也有另一个说法是省长的另一个儿子遇袭身亡，阿尼泽不计前嫌为他祈祷感动了省长。总之省长最终放过了阿尼泽，但是另一名官员却并不罢休，坚持要处死阿尼泽，先是将阿尼泽绑在柱子上用火刑，但起初木柴总是点不着，后来点着了但是火焰仿佛有灵性躲着阿尼泽的身体，最后阿尼泽被斩首，行刑的地点正是图密善竞技场后来所在的地方，她的鲜血被信徒用布料浸染收集，因为她身上出现的种种神奇证明她是一位圣徒。请注意，阿尼泽并不是因为修行祈祷才令神奇发生从而成为圣徒，圣徒原本就已经是了，犹如天使下凡，在人间以普通人的面目出现，履行使命，那些神奇对他们来说不是奇迹。人们因为这些奇迹才知道他们原来是负有使命的圣徒。阿尼泽死后被尊为贞节圣徒，是圣母玛丽亚之外的七位女圣徒之一，是贞操、园丁、女孩、订婚情侣、强奸受害者和处女的守护神。

公元1世纪修建图密善竞技场的时候，阿尼泽殉难地就有一处小型纪念建筑。此后图密善竞技场由盛而衰，甚至沦为罗马的建材场，任人拆取，但是圣阿尼泽的纪念物一直没有被毁，直到16世纪，拿佛纳广场迎来了再次兴盛的机缘，先是教皇格里高利十三世引入水源，着令建造了广场两端的喷泉；1647年，潘菲理宫开建；1651年，四河喷泉建成；同年11月，教皇令建筑师莫拉（G.B.Mola）对圣阿尼泽旧教堂进行勘查；1652年，教皇英森诺十世令正在负责潘菲理宫建设的建筑师拉纳尔迪父子（Girolamo Rainaldi & Carlo Rainaldi）接手圣阿尼泽教堂重建工程，并将它确定为潘菲理家族教堂和他本人身后墓地。潘菲理家族自1650年复活节起重视圣阿尼泽的事迹，此后每年1月圣阿尼泽的生、卒日都要举办纪念活动。

圣阿尼泽新教堂就是我们目前看见的这一座，它的设计和建造过程可谓一波三折，可以窥见教皇的更迭和政治变幻中人的沉浮。拉纳尔迪父子最初的设计方案是一个标准的希腊十字对称平面布局，并将教堂的大门从原来的圣玛丽亚阿尼玛大街改到拿佛纳广场，从而使它与潘菲理宫的关系更为紧密。原本还想将老教堂设计为新教堂的地宫，但这就要将新教堂地面提升高过拿佛纳广场，这个方案在开工之初被否决，门口的双塔和大台阶都落在了与广场齐平的地面上。

这是一座典型的巴洛克风格建筑，中央大穹顶配两边双塔的立面曾经引领北欧教堂设计风尚多年，但是从一开始拉纳尔迪父子就遭受严重非议，例如说大台阶的设计过于张扬，对拿佛纳广场形成侵入态势云云，以至于在1653年去职，被另一位建筑师波洛米尼（Borromini）取代。波洛米尼将大台阶修改为弧形轮廓，将原本凸出为主的立面线条弱化为凹入为主，八根柱子从突出变为嵌入立面。他的努力使工程暂时平静展开。

圣阿尼泽教堂的主立面

然而天不遂人愿，1655年英森诺十世教皇去世，建筑立面才完成一半，作为潘菲理家族的继任人，英森诺十世的侄子卡米洛·潘菲理（Camillo Pamphili）对新教堂工程兴味索然，而继任教皇亚历山大七世则大兴波澜，召集六位建筑师组成专门委员会，波洛米尼工作中的任何微小失误都要委员会直接书面报告给教皇，波洛米尼不堪如此氛围，苦挨到1657年主动请辞，避免了被炒鱿鱼的尴尬。卡米洛无奈之下只好再请拉纳尔迪回来，继续工程建设。同年，卡米洛去世，他的妻子奥林匹亚请来贝尼尼，拉纳尔迪二次被辞退。贝尼尼任职时间很短，只是对主入口的设计作了局部修改，并确定了英森诺十世教皇纪念棺的装饰方案。到1658年，奥林匹亚的儿子小卡米洛主政工程，第三次请拉纳尔迪主持建设工程，同时又聘请希洛·菲利（Ciro Ferri）负责内部装饰，装饰的内容除了大穹顶的石膏浮雕和壁画，还有室内体量巨大的大理石雕塑和彩色大理石壁龛。

1670年希洛·菲利开始绘制穹顶壁画，直到他1689年去世也未完成，后来由塞巴斯蒂亚诺·卡贝里尼（Sebastiano Corbellini）接手画完。很显然，新教堂在1672年宣布落成的时候，内部装饰并没有全部完成，最后的部分居然是在1992年做完的，而此前的1852-1853年，由于部分装饰因年久褪色和金属构件锈损，圣阿尼泽教堂经历了一次大修，1859年又更换了圣阿尼泽小礼拜堂的地面。

命运多舛，可说是这座教堂诞生历程的真实写照，然而当我们步入时，还是会不禁惊叹其匪夷所思的华美，目力所及远非"漂亮"一词所能涵盖。让我们选取其中最精彩的部分，细细欣赏。

教堂内部是一个正十字平面，大门正对面是主祭坛，右边是圣阿尼泽祭坛和小礼拜堂，左边是圣塞巴斯蒂安祭坛和小礼拜堂，入口处上方是英森诺十世教皇纪念棺。这四个主要纪念物的两两之间还各有一处祭坛，右上方是圣埃莫尼娜祭坛，左上方是圣塞西莉娅祭坛，右下方是圣阿莱西奥祭坛，左下方是圣乌斯塔斯祭坛。这座教堂的工程时间很长，为此采用施工时间顺序来介绍上面这几处室内建筑物。

最先开工也是最先建成的无疑是圣阿尼泽祭坛和小礼拜堂，1660年完成。最初的设计中，它的位置在如今的主祭台，1655年英森诺十世教皇去世当天决定了现在的位置，因为这里可能离她的殉难处最近。所谓小礼拜堂是室内相对独立的小空间，而祭坛则处在它的中心位置。圣阿尼泽的白色大理石塑像由费拉塔（Ercole Ferrata，1610—1686年）完成，人物的上半部分和腿部的姿态几乎与圣天使桥上的"持十字架天使像"完全相同，他并不避讳这是为了追随贝尼尼艺术风格。雕塑中，圣阿尼泽脚边的火焰向外四散躲着她，这正是传说中她殉难时的场景之一。不过总体来看，这座雕像并没有发扬贝尼尼艺术特色，人物显得臃肿、苍白，缺乏贝尼尼作品固有的戏剧性魅力。祭坛的顶部用红色和绿色石材拼接成递进拱顶造型，拱顶的最高处左右各有一座天使像，也是费拉塔的作品，两位天使分别手持圣阿尼泽的象征物"花冠"和"棕榈叶"。在它们的上方还有另一组三位天使，两边的分别执小提琴和大提琴，中间的一位在歌唱，半圆形穹顶上有文字，"In medio ignis non sum aestuta"，大意是"我无惧火焰但它避我不及"。

圣阿尼泽祭坛和小礼拜堂

圣塞巴斯蒂安祭坛和小礼拜堂

圣塞巴斯蒂安（St Sebastian）祭坛和小礼拜堂同样开工于1660年，却迟至1719年才最后完工。它的基本结构、造型、装饰方法等与圣阿尼泽祭坛和小礼拜堂几乎完全相同，圣塞巴斯蒂安是罗马戴克里先皇帝（Diocletian，250—312年）时代的士兵，他利用自己的身份帮助监狱中的基督徒，戴克里先皇帝下令将他绑在柱子上乱箭穿身。塞巴斯蒂安伤后被鳏居的艾琳救治，康复后回到罗马前往皇宫，被戴克里先皇帝处死，弃尸于大街。一位基督徒在梦中得到耶稣的启示，将他妥善安葬。大理石雕像由皮特罗（Pietro Paolo Campi）完成于1717—1719年，他是法国雕塑家皮埃尔·格罗斯（Pierre le Gros）的学生，作品中规中矩，手臂被绑的位置和箭留在身体上的位置与传说中一致，显示出高度的写实性。拱顶上方也有左右对称的天使像，分别持桂冠和木质的棕榈叶，穹顶上还有一组三位较小的天使像，两边的手持乐器，中间一位捧着书歌唱。

上面的这两组作品是命题制作，主体明确，手法传统，人物的形态更接近于古希腊风格，而不是后来的古罗马，更不是当时流行的巴洛克。和室内的其他作品相比，它们的纪念性远远超过纯艺术范畴。

圣阿莱西奥（St Alexius）祭坛同样开建于1660年，1663年完成。这件巨型大理石雕塑作品外缘呈矩形，用浮雕、半浮雕和圆雕技法相结合，生动地描绘了圣阿莱西奥之死的瞬间。坚硬的白色大理石在这里仿佛凝脂般有了可塑性，三种基本石雕技法的混合使用打破了传统作品的构成定式，具有不可言喻的艺术冲击力，令人折服。圣阿莱西奥是一位传奇人物，他是中世纪罗马贵族军官尤菲米厄斯（Euphemius）的儿子，在新婚之夜出逃，踏上朝圣之路，在埃德萨的教堂台阶上乞讨为生18年，过惯了赤贫生活。当有关他身世的传言开始出现的时候，他搭船回到罗马，在父母的官邸屋檐下行乞17年，同时小心地避免被父母和未婚妻认出。在他就要去世的时候，全城的钟全都敲响，英森诺一世教皇意识到事出有异，便外出巡查，在阿莱西奥的手中发现了折成几折的身份证明，便叫来了他的父母。就在此时，阿莱西奥倒地死去。大理石雕塑的作者是阿尔加迪（Algardi），他似乎更擅长特定瞬间的表现。画面中圣塞巴斯蒂安正手握十字架缓缓倒下，仿佛沉重地坠入深渊，气如游丝的他眼望上苍，教皇的关切、教皇身边他父亲的惊异以及半蹲在他身前的母亲的悲伤都无力顾及。这是怎样的一个圣徒苦修的故事，场景极为震撼，那一瞬间，亲情和修行不可兼顾的事实残忍到了极点，即便手持花冠飞来的天使让人略有安慰，知道阿莱希奥终于修成正果，也并不能真的无动于衷。这难道就是圣修者的宿命？

圣塞西莉娅（St Cecilia）祭坛建于1662年，1666年完工。这是一件与圣阿莱西奥祭坛体量和手法相似的作品，但有了前一件的经验，它在整体上显得更为成熟和生动。原设计者吉赛佩·帕罗尼（Giuseppe Peroni）早在1660年就完成了设计模型，但没来得及

圣阿莱西奥祭坛

圣塞西莉娅祭坛

开工就于1662年去世。具体完成它的是安东尼奥·瑞吉（Antonio Raggi），在此过程中阿尔加迪和贝尼尼给了他很多帮助，成就了作品中的戏剧场景，只是这一次的戏剧化与历史传说完美结合，每个人物都不虚置，肢体语言动静相宜，人物情态出神入化。这一幕史称圣塞西莉娅之死：在塞西莉娅弥留之际，乌尔班一世教皇携罗马人瓦莱利安（Valerian，塞西莉娅的丈夫）和希波吕托斯（Hippolytus，神学大师）前往探望，天使们送来玫瑰花冠。

历史上的圣塞西莉娅原是罗马贵族之女，誓言守贞，却被许配给异教徒瓦莱利安。新婚之夜，她告诉新郎已经向上帝承诺由天使保护自己的身体。瓦莱利安开始不相信，塞西莉娅说如果你皈依上帝成为基督徒就能亲眼看到。瓦莱利安同意了，在接受洗礼之后他真的看见了天使，并看见天使给自己送来的玫瑰花冠和给新娘的百合花冠。瓦莱利安的弟弟泰布提斯（Tiburtius）目睹这一切，决定也要皈依上帝做基督徒。在那个视基督教为死罪的时代，瓦莱利安和弟弟泰布提斯经常外出寻找被秘密处死的基督徒并妥善安葬，为此他们也付出了生命的代价，被捕之后拒绝放弃信教而双双殉道。塞西莉娅因为他们秘密安葬而被捕，又因为拒绝向异教臣服而被密杀，然而有天使护佑她的身体是真的。第一次将她强行关在蒸汽浴室中企图令她热窒息而死，她居然逃过了。几天之后又派一名杀手，在她的脖子上砍了三刀也没能立即杀死她，她的头颈几乎半分离，但意识仍旧清晰，脸朝地面，双手合十祈祷，三天之后才归去天堂，下葬时依旧保持着这样的姿态，822年移葬罗马的圣塞西莉娅大教堂。真正的异象出现在1599年，在对圣塞西莉娅大教堂维修的时候打开了她的石棺，发现她的肉身完全没有一点变化，衣物如常，身体的姿势与下葬时完全一样。维修完成后，塞西莉娅归葬于圣塞西莉娅大教堂的主祭台下。

圣塞西莉娅祭坛出现在圣阿尼泽教堂，大概是因为她与圣阿尼泽同为女圣徒，不惜为信仰而殉教。事实上关于圣塞西莉娅的故事还不止这些，大约从15世纪起，她被人们与音乐联系在一起，成为音乐家的守护神。原因并不很清楚，可能是将她的祷告"Cantibus organis in corde suo"中的"in corde suo"部分略去，剩余的部分被理解为"婚礼盛乐"所致，而其实她原本与音乐没有什么关系。

圣塞西莉娅祭坛石雕特意刻画了两位随教皇乌尔班一世一同前来的意大利人乌瓦莱利安和希波吕托斯。在传说中，瓦莱利安是塞西莉娅的丈夫，先于塞西莉娅而殉道，按理说不应该出现在这个场景里，恐怕又是基督召唤所致吧。从技法上看，这两个人物特别具有生命感，只是瓦莱利安沉稳，更接近巴洛克之前的古典风格，而希波吕托斯则充满了戏剧性，是典型的贝尼尼式的巴洛克风格。

瓦莱利安（左）
希波吕托斯（右）

就在圣塞西莉娅祭坛完成的1666年，雕塑家卡法（Melchiorre Caffà）主持的圣乌斯塔斯（St Eustace）祭坛开工，不幸的是他在开工不久就去世，作品由费拉塔接手，雕塑家乔瓦尼·弗朗西斯科·罗西（Giovanni Francesco Rossi）协助，于1669年完成。

传说中乌斯塔斯原名普拉塔斯（Placidus），是罗马皇帝图拉真（98—117年在位）手下的一名将军。一次他在罗马附近的台伯河地区狩猎，一只雄鹿离群奔向密林深处，普拉塔斯在鹿角之间看见十字架借雄鹿之口对他说：“我是基督，不认识我是你的荣幸。” 这么说的原因当然是信基督有杀身之祸。普拉塔斯被基督感召，朝雄鹿跪下叩首表示皈依，当晚就带领全家接受了一位罗马主教主持的洗礼，并给自己改名乌斯塔斯。此后命运给了他和家庭很多次不幸作为考验，那些不幸在他人看来几乎不可能都发生在一个家庭身上。先是他的巨额财产被盗，接着仆人死于瘟疫，全家出海旅行时妻子被船长诱惑，在埃及渡河的时候两个儿子被狼和狮子抢走等等，但他都一一挺了过来，不仅找回了妻子和孩子，也保持住了信仰。这次旅行回到罗马后，他和家庭因为信仰基督而获罪，被流放山野，但是野兽并没有伤害他们的性命。公元118年，哈德良皇帝用铜牛炙刑杀了乌斯塔斯全家。时至今日，意大利阿玛尔菲海湾还有一个古老的d'Afflitto贵族家族自认为是乌斯塔斯的后人。

圣乌斯塔斯祭坛的画面内容显然选取了他们一家经受磨难的片断。雕塑家费拉塔此前完成了圣阿尼泽祭坛和小礼拜堂，他的长处似乎还是表现中心人物身上，周边人物和动物都显得单薄些，戏剧性也不那么突出，看上去与那个时代流行的巴洛克之风不太合拍。不过我们可以换个角度思考这个事实：在贝尼尼主导的巴洛克风行时代，并非所有的艺术家都像贝尼尼那样痴狂于戏剧冲突式的表现手法，我们甚至应该用更宽泛的视角来审视这个时代，要么充实巴洛克风格的内涵，要么在狭义的巴洛克之外总结与之并行存在和发展的艺术潮流，这样似乎更客观一些，毕竟这个世界在任何时候都是多元的，一种风潮的流行不等于别的艺术风格完全不存在。

圣埃莫尼娜（St Emerentiana）祭坛于1668年开工，历经41年，到1709年才彻底完工。最初是由费拉塔负责，在完成了作品的下半部分之后于同一年去世，1669年，由他的学生莱昂纳多·雷替（Leonardo Retti）接手继续完成剩余的部分。

圣埃莫尼娜是一位与圣阿尼泽直接相关的人物，在圣阿尼泽被处死8天后，埃莫尼娜前往参加阿尼泽的葬礼，拜见阿尼泽的父母时称自己是阿尼泽奶妈的女儿，与阿尼泽情同姐妹。在葬礼上，疯狂的异教徒袭击前来参加葬礼的基督徒，埃米尼娜没有逃避，反而大声谴责那些杀死阿尼泽的异教徒并拒绝离开，最终竟然被乱石击毙，身后被尊为圣徒。阿尼泽的父母将她安葬在家中庭院，直到公元9世纪迁往圣阿尼泽墓地。1615年，教皇保罗五世下令打造一具银棺，将圣阿尼泽和圣埃莫尼娜共同安葬在教堂内主祭坛。

圣乌斯塔斯祭坛（上） 圣埃莫尼娜祭坛（下）

圣埃莫尼娜祭坛持花冠天使　　　　　　　　　　圣埃莫尼娜祭坛半圆天顶

　　圣埃莫尼娜祭坛是教堂内四座同类大理石作品中最吸引人的一件作品。下半部分惊心动魄，处于中心位置的圣埃莫尼娜固执地在圣阿尼泽的墓前祈祷，完全不顾周围异教徒用石块袭击，在她左边母女惊状万分的表情和肢体与她的镇定形成强烈反差，加上异教徒的疯狂攻击，令观者即刻陷入三组不同情绪的胶合之中；而作品的上半部分却出人意料地增加了第四种情绪，那是天上的天使们，她们的表情几乎都是快乐的，咋看上去和下面的场景完全不搭调，还是天使身边的羔羊提醒了我们——耶稣曾对他的门徒说："你们去吧！我差你们出去，如同羊羔进入狼群。"（《路加福音》10：3）受难即修行，埃莫尼娜已是圣徒，她当然不会将受难当做苦差事。雕塑家雷替是按照费雷塔的设计稿完成剩余部分的，费雷塔所设计的持花冠天使堪称最美一笔，你无法想象站在这座作品跟前的时候，天使上半身几乎完全从大理石墙壁里探出身来飞临，手中的花冠就像还带着露水那样清灵，她裙裾翩然随风摇曳，就像是随时都要飞出你的视线。

　　圣埃莫尼娜祭坛也是四座同类祭坛中唯一没有请希洛菲利搭配

装饰天顶的一座，采用的是费雷塔原本的设计，一群小天使展示文字条幅，上面写着歌词"VENI SPONSA CHRISTI"。

在教堂内看了一圈，让我们回到大门口向上看，门框的上沿安置着英森诺十世教皇纪念棺，再往上，是教堂的管风琴。因为圣阿尼泽教堂这次新建带有潘菲理家庙的性质，所以在英森诺十世教皇纪念棺的位置选择上是慎之又慎，主持建筑师的多次更迭，使得确定位置的工作变得复杂，一改再改。贝尼尼1667年完成了纪念棺的设计方案，但一直没有实施。1698年确定在现今位置，并委托雕塑家乔万尼·马伊尼（Giovanni Battista Maini）按照贝尼尼的方案进行作品雕刻，到1729年才全部完成。石棺的上方正中是英森诺十世教皇半身像，左右各有一位天使，持剑的是公平天使，持十字架的是宗教天使。马伊尼的作品在圣彼得大教堂见到过，那座"保拉的圣方济各"雕像是他1732年完成的。

最后开工的居然是主祭坛，1720年，这多少有点令人意外。整个祭坛的工程分为两部分，一个是祭坛中心位置的大理石主题雕塑，一个是除此之外的祭坛基础结构和装修。

基础设计是很早就完成的，先是拉纳尔迪，后来是希洛·菲利，他们受命设计新的方案改造这个位置原有的祭坛。1721年，佛朗西斯·莫德拉迪（Francesco Moderati）主持完成了主体工程。1724年，马伊尼加佩的所

英森诺十世教皇纪念棺

有天使雕塑完工。祭坛给人深刻印象的先是四根墨绿色带凹槽大理石柱，它们来自罗马科索大街（Via del Corso）的马可奥勒留（Marcus Aurelius）凯旋门，是罗马帝国时期的古物。上方三个小天使的身上横过一条金色飘带，上写着"没有谁的儿子比约翰更伟大"，这是因为当时潘菲理家族主政的乔万尼·贝塔斯塔·潘菲理（Giovanni Battista Pamphilj）希望这座祭坛是专门敬献给圣徒施洗约翰的。

至于最重要的大理石主体雕塑，这个位置在1654年就定了作为圣阿尼泽祭坛，并邀请了雕塑家亚历山德罗·阿尔加迪（Alessandro Algardi）完成了具体设计和小样制作，可惜阿尔加迪在当年去世，费拉塔和桂迪（Domenico Guidi）被指派接替，用石膏一比一原样制作阿尔加迪方案的模型，但没有真正实施。

圣阿尼泽教堂主祭坛

1661年整个教堂内部的装饰方案确定，圣阿尼泽祭坛挪到了现在的位置，腾出的地方作为教堂的主祭坛，费雷塔受命制作了三个不同的方案，都无疾而终。1672年圣阿尼泽教堂落成典礼之际，主体雕塑的位置还是空的，挂了一幅画用以临时替代。1673年，桂迪终于再次受命为主祭坛设计大理主体雕塑最终方案，等到1676年正式签订合同的时候，他的设计稿和模型都已经全部完成并获得广泛认可，具体内容是圣家庭——圣约翰向偎依着玛丽亚的圣婴展示一张文书卷，撒迦利亚坐在左边的地上，约瑟和圣伊丽莎白站在右边，全都向着圣婴注目。雕塑家在这里成功地营造了凝聚气氛，令观者产生关切和遐想。虽然那些剧烈起伏的衣纹褶皱得有些过分，巴洛克的痕迹很重，但是整体上已经足够完美。作品的上半部分是天使们，一如既往如行云流水般舒展，在橄榄枝之间穿行。细看的话，他们之中有基路伯（Cherubini，智天使）、天使和丘比特（Putti）。

教堂内的穹顶壁画是一件恢宏巨制，主题是圣阿尼泽升入天堂。1670年，乔万尼·贝塔斯塔·潘菲理将这项工作交给了希洛·菲利。1676年合同到期，壁画没有如期完工，希洛·菲利在1879年去世时也没能完成，后来由希洛·菲利的学生塞巴斯蒂亚诺·卡贝里尼接手画完。很明显，这件作品的工作量远远超出了预期。

如果你在白天来，仰望穹顶，多半会被天顶悬窗透过的强光干扰视线，无法欣赏壁画的美妙细节，那就可以晚间再来，那时窗外漆黑一片，大可静心观赏。只是不要忽略了，在有阳光的时候，天顶悬窗的光总是很像来自天堂，笔直而锐利，空气中细微的尘埃在它的照射下反转腾挪，与无光处的清澈透明相比，就像是两个紧挨着的不同的世界。

圣阿尼泽教堂穹顶

我更爱在有阳光的时候来到这里，静静地待着，看时间流转。看天上下来的犀利的光在黑暗中移动，一点点往前照亮，同时又在身后一寸寸留下黑暗。不惧黑暗，因为知道总会被照亮；不恋光明，因为知道黑暗依旧会来；心平气静，因为知道黑暗与光明总是依次轮回。

圣阿尼泽教堂与门前的四河喷泉有一段流传甚广的公案，说拉纳尔迪父子不仅主持了潘菲理宫的工程，又被教皇指定做家庙圣阿尼泽教堂设计，深得英森诺十世教皇的赏识，引起贝尼尼的极度不满，所以将四河喷泉的普拉塔河神设计为高举手臂似乎是要托住即将倒塌的圣阿尼泽教堂，以此来讥讽拉纳尔迪父子。历史事实是1644年贝尼尼的靠山乌尔班教皇八世教皇去世后，他确实遇到了人生低潮，到了1651年，贝尼尼已及时与新任教皇英森诺十世修好，开建四河喷泉。拉纳尔迪父子着手圣阿尼泽教堂是1652年的事情，晚于四河喷泉，所以这段公案只是坊间飞短流长，与史实不合。说普拉塔河神托着圣阿尼泽教堂应该是当地人为了吸引游客编造的。

好了，圣阿尼泽教堂之行就此结束，还有一些壁画和雕塑没有来得及介绍，大家参观的时候留心看看，时间相对充裕的话就不要着急离开，多待几分钟就会有多几分发现。

万神殿

离开圣阿尼泽教堂，也就该离开拿佛纳广场，向东南方向步行300米就到了下一站：万神殿（Pantheon，也称万神庙）。这个地方第一次有建筑是在公元前27年，用以纪念奥古斯都打败安东尼和克利奥帕特拉，公元80年就焚毁了。公元125年，罗马皇帝哈德良决定重建，建成了我们现在看到的建筑。

顺便介绍一下，奥古斯都（Gaius Julius Caesar Augustus）是罗马帝国的开国君主，原名盖·屋大维·图里努斯（Gaius Octavius Thurinus），统治罗马帝国43年，公元14年8月去世，罗马元老院立刻决定将他列入"神"的行列，并且将8月称为"奥古斯都"，这也是现在英文中8月——August的词源，拉丁语系各个语种中的8月基本上也都如此。

进去之前先看到的是万神殿喷泉（Fontana del Pantheon），和罗马其他重要的公共场所一样，喷泉是必须有的配套建筑，这座喷泉是意大利雕塑家兼建筑师波塔（Giacomo della Porta，1533–1602年）在1575年为格里高利十三世教皇所建，1711年克雷芒十一世教皇在位时，雕塑家巴里奇奥尼（Filippo Barigioni，1690–1753年）给喷泉增加了来自埃及的方尖碑。八角花台型水池里高耸起一座方尖碑，碑座底部四个正面都有一个口吐清水的人面，四个角上各一条喷水的鱼化龙。鱼化龙在欧洲很多见，早在中世纪的城堡内，整面木制橱柜里有一格是盥洗设备，大都用鱼化龙做水龙头装饰。底座上的教皇徽记属于克雷芒十一世，佐证了方尖碑增建的史实。碑座上还有这样的文字"RESTAURATA ANNO DOMINI MDCCCIV"，说明在1794年曾经重修过。比照万神殿建造时间公元125年，整个喷泉的建造年份比万神殿晚了很多。

万神殿喷泉

万神殿外观

　　万神殿是建筑的奇迹，初见它时有点不敢相信公元125年的建筑技术就已经达到了如此高的水平，但是细想起来，这个年代相当于中国的东汉，中国的建筑技术同样已经发展到了很高的水平，高台式建筑的体量与万神殿不相上下，只可惜没有一座能够保留下来。

　　万神殿基本上是一个圆筒形单体建筑，正面配有通透的明廊门头，十六根科林斯柱支撑三角形屋面，是典型的古希腊神庙元素，后面加一个平顶做过渡，与圆筒形主体建筑连接，外观非常干练肃静。

　　万神殿的主体是一个穹顶覆盖的圆筒，圆筒的直径和穹顶最高点到地面的距离同为43.3米，顶部正中开一个直径8.9米的圆洞，透光、通风、漏雨，令万神殿内外贯通，可以想见，这个洞的出现，实际上宣布万神殿穹顶之下并不是通常意义上一个建筑的"室内"，它的使用、维护和运行都得按照建筑的室外要求来进行。来的那天在下雨，圆洞下方的地面全是湿的，这真是一个奇妙的时刻，彻底分不清自己是在室内还是室外，如果这里是围城，进城和出城的感觉怕是兼得了。

万神殿主祭台供奉圣母玛丽亚像，由克雷芒十一世委托斯贝奇（Alessandro Specchi）设计，祭坛前唱诗班坐席是1840年由波莱蒂（Luigi Poletti）主持设计完成的。

万神殿天顶的圆洞是穹顶内唯一的采光源，日影月移，全世界大概也没有第二个这样的人工建筑与大自然的关系如此密切，没有了日月天光，这里就只有黑暗。穹顶内壁上的五层矩形凹槽在自然光下形成递进的明暗，并随着光线角度的变化而变化，建筑只遵从自然之间的约定，不再听从人的意愿。穹顶是用混凝土建造的，主要的原料竟然是拿波里附近的火山灰，它质地坚硬而多孔，自重很轻，容易控制自身重量，加上由厚渐薄的工艺，厚度从基底的5.9米逐渐减薄到天顶洞口的1.5米，使得巨大穹顶历经1900多年安然无恙。1435年，罗马教廷宣布对万神庙进行保护，但是在乌尔班八世教皇任内，为了贝尼尼设计的圣彼得大教堂青铜华盖，教皇居然同意从万神殿门廊上拆下精美的镀金天花板，以解决原料短缺，此举犯了众怒，也让贝尼尼留恃宠骄纵的骂名。青铜华盖虽则精美壮观，但也一直背负着骂名，乌尔班八世身后贝尼尼人生际遇进入低潮也是顺理成章的。

万神殿主祭坛

拉斐尔墓

记载说万神殿在公元609年被拜占庭皇帝敬献给罗马教皇博尼费斯四世（St. Boniface IV），教廷正式命名它为圣母与诸殉道者教堂。自文艺复兴起，许多名人安葬于此，其中最著名的就是拉斐尔。根据记载，1520年拉斐尔去世后立刻被送到这里，墓地由他的学生洛伦泽·洛蒂（Lorenzo Lotti，1490—1541年）设计，1523—1524年建造并完成。

1833年，时任教皇格里高利十六世为了确认拉斐尔遗体是否确是在此而决定开棺检查，打开后确定无疑，教皇向拉斐尔墓赠送了一片取自古代石棺的大理石做礼物，在他的最下面刻着一段题词：ILLE HIC EST RAPHAEL TIMUIT QUO SOSPITE VINCI RERUM MAGNA PARENS ET MORIENTE MORI，大意是："拉斐尔在此长眠。他活着的时候，老天爷怕被他占尽美誉；他去世的时候，老天爷也不想活了。"都说人再聪明也大不过天，如今倒是天要妒人，这样的评价，大概无出其右了。

向拉斐尔致敬，是很多人来这儿的目的之一。这里安葬的名人虽则多，但是作为中国人，你最好不要向其中的一个人表示敬意：他是意大利皇帝

格里高利十六世教皇赠送给拉斐尔墓的礼物（周小兵摄）

翁贝托一世，1900年八国联军入侵中国有他的份。

万神殿虽然有将近两千年的历史，但是至今保存完好，堪称奇迹。看它的记录，几乎从来没有停止过部分新建或改建，这也许是它能够保存至今的原因，所谓"户枢不蠹，流水不腐"就是这个道理吧。

佛朗西斯圣路易教堂

从万神殿出来，我们步行去一家中餐厅，途中路过一座教堂，外墙上最引人注目的是喷火龙，龙头上方有皇冠，喷火龙是法国皇帝佛朗索瓦一世的象征，以前在巴黎郊区枫丹白露宫的路易十四厅见过，印象深刻。看资料上说，这是"法国人圣路易教堂"，始建于1518年，1589年建成，是法国在意大利的官方教堂之一。我觉得这个名字很奇怪，与佛朗索瓦一世的徽记没有关系，查到它的意大利文名字是"San Luigi dei Francesi"，这就对了，正确的名字应该叫"佛朗西斯圣路易教堂"，这里的佛朗西斯（Francesi——意大利语）就是佛朗索瓦（François——法语），中文翻译误会成"法国人"，是因为Francesi也有法国人的意思，但是在这里，它一定指的是佛朗索瓦一世，因为这座教堂是他登基三年的时候下令建造的，用以纪念前法王路易九世（1226—1270年在位），史料中凡说到"圣路易"的一定是他，因为只有他曾经获得"圣路易"的称号。

具体到这个地点，之前的建筑可以追溯到公元10世纪末，是一座圣母玛丽亚教堂。1480年，梅迪奇家族购买了这处教堂和土地，将其更名为圣路易教堂。1518年，佛朗索瓦一世主政法国，凯瑟琳·德·梅迪奇（Catherine de' Medici）决定向法国赠送这

皇冠喷火龙徽记，位于罗马佛朗西斯圣路易教堂外墙

弗朗索瓦一世的皇冠喷火龙徽记，位于法国枫丹白露宫弗朗索瓦一世画廊内

所产业，重建圣路易教堂。作为国家教堂，它的外墙设立了重要人物的塑像，正立面两侧分别是圣路易和查里曼。

圣路易教堂是许多法国名人在罗马的安息地，如今它为许多人知晓，多半是因为教堂内收藏了三幅卡拉瓦乔著名的圣马太像，对于它的国家教堂地位，它与圣路易、佛朗索瓦一世的关系，则没有太多人关心了。其实这座教堂的建立反映了佛朗索瓦一世不为人重视的一面，他是法国历史上众位国王中最具人文精神的君主，他接受意大利文艺复兴的思想并引入法国；他是达·芬奇的资助人和保护人，达·芬奇最后是在弗朗索瓦一世怀中去世的；他资助并鼓励艺术家来法国居住创作；他派专人在意大利收购米开朗基罗、提香、拉斐尔等文艺复兴代表人物的作品，奠定了卢浮宫收藏的基础；他在法国大兴土木，修建文艺复兴风格的建筑；他成功地将卢浮宫从要塞城堡变身为艺术收藏博物馆。他的人文倾向也影响了他的政治态度，在罗马新建圣路易教堂，是出于政治扩张的需要。佛朗索瓦曾经与查理五世竞争罗马帝国皇位，最终落败，在此后的政治生涯中他也不是一个成功者，他去世的时候，法国国库空前羞涩，与他大兴土木和疯狂收藏不无关系。1527年，罗马帝国军队哗变，对罗马造成重创，宗教建筑损毁严重，圣路易教堂被迫停工，这也是它到了1589年才建成的原因。

佛朗西斯圣路易教堂

在此之前，佛朗索瓦一世已经于1547年去世。但是无论如何，我们都应该记住这位将文艺复兴之风带进法国的君主。

雨中的罗马自有别样景色，餐厅并不远，那条路居然都是久违的青石板路，如今在国际化大都市很难见到了。

古罗马竞技场和君士坦丁凯旋门

午餐过后去闻名于世的古罗马竞技场（Colosseo），也有叫做斗兽场、角斗场、圆形剧场的，这些名字都没错，都与这座建筑的用途相关，人兽搏斗、人人相斗都是表演内容，也有说它的造型就是两个古希腊半圆形山地剧场合二为一。

其实大家对这个地已经很熟，在我看来，它的身上反映了不寻常的文物保护观念，值得分析和比较。毋庸讳言。此行最大的感受之一，就是意大利高度商业化的旅游业，老祖宗留下的东西要给后人乘凉用，在很多时候都会看到讨好和方便游客的设施，即便这些

古罗马竞技场

设施哪怕只是在景观上破坏了文物的风貌。在这里，修旧如旧不是唯一的宗旨，各种加固手段都可以使用，只要保证主体不倒，还能撑起来成为可供参观的景点就是胜利，斗兽场就是这样的一个典型。远看是半残的建筑，近看却发现每一处不完整的地方都有大量的人工痕迹，要知道自然的坍塌和化装成自然坍塌的人工作品给人的感受完全不同。以前就有专家抨击八达岭长城的修复时违背了修旧如旧的原则，同样的错误，罗马人早就犯了，看来文保界外行当道的状况不分国别，要紧的是不要拿西人犯的错当做国人做同样错事的理由。

竞技场西边有一座"君士坦丁凯旋门"，它是巴黎香榭丽舍大街大街凯旋门的蓝本，始建于公元315年，为庆祝君士坦丁打败马克森提乌斯而修建。君士坦丁又称康斯坦丁，他与马克森提乌斯的这场战争发生在公元312年。古罗马实行四帝制，即东、西罗马各有一位皇帝，各自还有一位恺撒，类似于副皇帝。马克森提乌斯是罗马东皇帝马克西米安的儿子，君士坦丁的父亲是马克西米安的恺撒。马克森提乌斯有强烈的权欲，与父亲无法和平相处，便投奔君士坦丁的父亲，随后又与之决裂，成为争夺罗马帝国最终控制权的敌对双方。公元312年的这场战争是双方的生死决战，以马克森提乌斯战败溺亡而告终，君士坦丁成为罗马皇帝。这座凯旋门是罗马历史上三座凯旋门中最大的一座，上面的人物雕像和浮雕装饰都来自于更早的古罗马纪念门，也就是说，在对待前人文化遗迹方面，

罗马拆旧建新传统历史悠久，这也就不难理解，古罗马竞技场在15世纪是曾经是罗马教廷建造教堂和枢密院的石料场，前文提到的图密善竞技场也曾经沦为其他建筑的石料场，最终被拆殆尽变成了如今的纳沃纳广场，还有贝尼尼融毁万神殿铜天花板铸造圣彼得大教堂的青铜华盖。从对贝尼尼的褒贬争议中可以看到，这种方式在当时得到的并非一边倒的支持声，保护与拆除，在那个时候并不是城市规划的范畴，不是文化保护的范畴，也不是文物保护的范畴，决定的声音只来自一个方面，就是政治权力。只要有来自政治权力的需求就可以为所欲为，在我们如今看来无比珍贵的文明都是政治权力决策下遗留的碎片，这是历史事实，无需评价，只需客观对待。最怕的是当今国人在引经据典的时候不分史实的前世今生，一股脑拿来做依据，说到罗马乃至意大利的一些可圈可点的文保举措，就推而广之将现存于意大利的文物实例都拿来作为学习对象，这是需要特别认真甄别的事情。

君士坦丁凯旋门

古罗马废墟

　　离开古罗马竞技场前往许愿池，会路过位于罗马市中心的一处古罗马废墟。这处废墟就在马路边。时间的堆积，令人们时常生活的平面抬高了十几米，将这片远古城市的遗存变成巨大的下沉式

位于威尼斯广场身后的古罗马废墟

广场。人们俯瞰废墟，此犹如俯瞰历史，昔日高大建筑的屋面仅与视线相平，而普通的二、三层建筑则深陷谷底，倒塌处露出的残垣断壁，能非常清晰地看到原本的建筑结构，巨大的石柱断成几节躺倒在地，零落的灌木在缝隙中生长，一切如此静谧，很难想象这里曾经有过怎样的惨烈，令人们决然放弃。多少年来，罗马市政当局始终没有试图改变这样的废墟，除了极为不显见的维护，废墟一直都是废墟的模样，静静地铺展在日益繁盛的街市之中。人们每每看见它，未必都真切地了解它所经历的历史，但总会自然地知道这是一座有历史的古城，废墟不再是城市的疮疤，没有人会因为它的颓败荒芜认为罗马是个式微的城市，悠远的城市文明不仅仅深埋在地下，也不单单依存于历久弥新的历史建筑，更不维系于博物馆一件件精心保存的文物，这片废墟就像是历史的剖面，直直地切下去，从现今一直深入到远古，在它面前，人们用真实的目光触及历史遗存的细枝末节，含着一分敬畏、一分好奇、一分欣赏、一分慨叹。

威尼斯广场

威尼斯广场就在这片废墟的身后,广场上最有名的是两座建筑,一座是广场西侧的威尼斯宫(Palace Venezia),另一座是祖国祭坛。

威尼斯宫又名威尼斯大厦,最早的名字是"圣马可宫",是当时威尼斯圣马可大教堂枢机主教彼得·巴伯(Pietro Barbo,1417—1471年)的寓所。这位彼得·巴伯是教皇尤金四世(Eugene IV,1431—1447年在位)的侄子,1440年,年仅27岁的他就成为圣马可大教堂枢机主教。1451年开始规划圣马可宫,庞大主体建筑面向广场,左侧凸起一座小塔楼,地面以下有半地下室,围绕一圈的雉堞带有明显的中世纪城堡风格,然而这座建筑却是罗马城内最早体现文艺复兴风格的建筑,在中世纪的厚重之上增加了些许清丽的气息。建筑所用石材来自不远处的古罗马斗兽场,工程于1455年完工,彼得·巴伯同年升任梵蒂冈圣彼得大教堂大祭司,还是威尼斯保护者,这座建筑更名为威尼斯宫。1464年,彼得·巴伯当选为梵蒂冈教皇,称保罗二世,继续保留这座宫殿作

威尼斯宫

为教皇官邸，直至1471年去世，其间于1469年曾经对这座教皇官邸做过大规模改扩建。

1564年教皇比奥四世在位期间，有条件地答应将这座建筑提供给威尼斯共和国作为大使官邸以及威尼斯圣马可大教堂名誉枢机主教官邸，条件是楼内的Cibo公寓继续保留为教皇官邸，威尼斯共和国负责整个建筑的维护支出和未来的恢复费用，因为从传统看来，这座建筑毕竟是属于威尼斯的。

时至1797年，拿破仑在意大利击败奥地利军队，第一次反法同盟试图摧毁法兰西共和国的计划破灭，拿破仑强迫奥地利签订了坎波福尔米奥条约（Treaty of Campoformio），条约中有条款确定将奥地利的部分土地划归法国，同时也有条款将威尼斯共和国肢解，威尼斯（威尼西亚）、伊斯特拉半岛和达尔马提亚划归奥地利。这个条约直接导致威尼斯宫成为奥地利的国家财产，虽然它位于罗马城，而不是威尼斯城。1797—1916年，这座威尼斯宫一直都是奥地利驻梵蒂冈大使馆。

到了1916年，意大利在与奥匈帝国的战争中收回了威尼斯宫，墨索里尼在楼内的世界地图厅设立办公室，在面向威尼斯广场的阳台上多次发表过慷慨激昂的演讲，最著名的一次就是1936年5月9日，他在这里宣布意大利全面占领埃塞俄比亚，意大利帝国从此诞生。

1943年墨索里尼下台，威尼斯宫改作艺术博物馆，从政治的漩涡中走出，成为意大利重要的艺术殿堂之一。

现在让我们向左转，那里就是维托里亚诺纪念堂（Vittoriano），威尼斯广场上最吸引目光的白色大理石建筑。这座纪念堂为纪念统一意大利的首位意大利王国国王维托里奥·埃马努埃莱二世

（Vittorio Emanuele II）而建，1885年开始拆迁为建设工程准备，1911年意大利国庆50周年之际举行了揭幕礼。在工程尚未竣工时，当局决定在维托里亚诺纪念堂前建立祖国祭坛，1906年设计方案确定，纪念堂与祭坛工程同步进行，最终全面完成已是1935年。

　　1878年维托里奥·埃马努埃莱二世去世后不久，政府决定为这位伟大的国父建立纪念碑，皇家委员会在1880年启动了第一轮方案竞标，获胜的是法国人恩诺特（Nénot），之后展开详细设计竞标，到1884年，皇家委员会最终在98个方案中选出3个进行投票，中选的方案属于意大利年轻的建筑设计师朱塞佩·萨科尼（Giuseppe Sacconi，1854—1905年）。整个建筑以16根大理石柯林斯柱托起的古希腊神庙风格柱廊为主体，柱廊的两端各有一组女神战车雕塑，对应16根柱子另有16个人物分别代表当时意大利的16个行政大区，它们是：皮埃蒙特、伦巴第、威尼托、利古里亚、艾米利亚、托斯卡纳、马尔凯、翁布里亚、拉齐奥、阿布鲁佐

威尼斯广场的维托里亚诺纪念堂及祖国祭坛

和莫利塞、坎帕尼亚、普利亚、迪卢卡尼亚、卡拉布里亚、西西里岛和撒丁岛。中央高台之上是维托里奥·埃马努埃莱二世的策马铜像，铜像的底座上围绕着14个人物浮雕，代表当时最重要的14个城市，它们是：热那亚、米兰、巴勒莫、佛罗伦萨、威尼斯、拿波里、博洛尼亚、拉文纳、都灵、费拉拉、比萨、曼图亚、阿玛尔菲和乌尔比诺。

罗马的公共建筑怎么可以没有喷泉？在柱廊两端的下方各有一个半椭圆形喷泉，当你面向纪念堂，左边喷泉的名字叫埃米利奥·夸得利，代表意大利东侧的亚得里亚海，喷泉上方的亚得里亚海之神以贝壳为帽，左手按着圣马可狮，面向东方默默沉思。右边喷泉的名字是皮德罗·卡诺尼卡，代表意大利东边的第勒尼安海，喷泉上方的第勒尼安海之神右手边是象征罗马的狼和象征拿波里的神笛。

晚一步确定建造的祖国祭坛由意大利雕塑家安杰罗·扎内利（Angelo Zanelli，1879—1942年）设计，包括高高的台阶和台阶顶端向前凸起的圆弧形祭坛，台阶下是无名烈士墓，里面葬着一位

亚得里亚海之神喷泉（左）　　　　第勒尼安海之神喷泉（右）

祖国祭坛

不知姓名士兵，代表所有在第一次世界大战中牺牲的无名烈士，平台两侧各有一大理石基座铜镀金火盆，里面燃烧的火永不熄灭，以示烈士精神永存。祭坛正中间是一尊巨大的罗马女神像，背靠巨大的黄金屏，两侧分列着群雕，左边的主题是"工作"，依次代表农业、畜牧业、收获、灌溉、盐业和工业，右边的主题是"爱国"，依次为三位女性戴着罗马荣誉之冠、军团横幅、祖国之爱、英雄和祖国之火。任何时候总有两名意大利仪仗兵守卫祭坛，日复一日，年复一年。

围绕祖国祭坛的半圆形围栏上共有六组群雕，从从左至右依次为《力量》、《慷慨》、《思想》、《行动》、《牺牲》、《法律》，代表了意大利人的价值观，分别由六位意大利著名雕塑家完成，其中的《思想》和《行动》为铜镀金雕塑群像，另外四尊为大理石雕。

《思想》

《力量》（左）和《慷慨》（右）

　　高台阶顶端两侧的旗杆上各有一尊女神像，她们凌空踏在船头，左边持橄榄枝的是国家统一女神，右边举着花环的是公民自由女神。可以说，这组建筑汇集了当时意大利最著名的建筑家、雕塑家的才情和智慧，应用了当时最先进的建筑工艺技术，体现了当时最先锋的艺术思想，是罗马城乃至意大利具有时代标志意义的公共建筑，堪称一代人的杰作，然而罗马人在它面前却不失调侃本性，习惯称之为"打字机"，半圆的祭坛和上面的柱廊确实很像早年的机械打字机；不仅如此，还有人戏称之为"结婚蛋糕"，白色的双层建筑确实和结婚蛋糕也很像。也许只是在意大利这个历史遗存极为丰富的国家，人们才有资格如此戏谑。

　　每年都有几次海水漫上威尼斯广场，人们在浅浅的海水里嬉戏，整座建筑倒影在水面揉碎，成为罗马城多姿多彩的景色之一。

　　离开威尼斯广场，步行去不远处的许愿池。

许愿池

一出巷口，豁然开朗，这是一处三条路合围的小广场，熙熙攘攘的人群在一座巨大的喷泉前面流动，那就是许愿池，它的本名是特雷维喷泉（Fontana di Trevi），在意大利语中，tre是"三"，vie是"路"，"特雷维喷泉"直译的话，就是"三条路喷泉"，可见在意大利人心中，这座喷泉的名字并不像"许愿池"那样具有浪漫色彩。称它为"许愿池"也是有特定含义的，最早是出征将士临行前到这里背对着喷泉投下一枚硬币，头也不回地离去，许愿自己一定能凯旋。此后罗马人将这个习俗演化成美丽传说，凡是背对着池投下一枚硬币，就能重返罗马。

看见了街角的这组雕塑，就到了许愿池广场

许愿池基本上是坐北朝南，背靠波利宫（Palazzo Poli），居中的海神（Oceanus）站在巨大的贝壳之上，两边的水中各有一匹飞马和一位驭手，水从贝壳下的出水口奔涌而出，梯级而下，汇入

许愿池

半圆形水池，水色呈清亮的淡蓝色，雪白的池底铺着各色硬币，在阳光下熠熠闪烁。据说每天投进来的硬币有几千欧元，这些钱都被用于定向资助罗马的指定超市，贫困者可以从这些超市免费或以超低价格获得生活必需品。

罗马的城市喷泉大都是古时引水入城系统的出水口，许愿池也不例外，是处女渠（Acqua Vergine）的出水口之一。处女渠始建于公元前19年，当时只修到阿格里帕浴场，供水范围很有限。尼古拉斯五世教皇在位期间，处女渠的分支水道不断扩展，许愿泉所在的位置有了一处出水口，但是并不出众，乌尔班八世教皇在位时就对它很不满意，1629年时曾经要求贝尼尼做一个改造设计方案。可能是贝尼尼正忙着梵蒂冈圣彼得大教堂的工程，他在那一年被乌尔班八世教皇任命为圣彼得大教堂工程的总负责人，也可能是其他原因，改造喷泉的事一直悬着，1644年乌尔班八世教皇去世，这事就搁置了。直到巴洛克时代到来，时任教皇克雷芒十二世教皇在1730年组织了一场设计大赛，意大利建筑师尼古拉·萨维（Nicola

飞马和吹螺的驭手

Salvi）在争议声中转败而胜，官方宣布的胜出方案最终被放弃，拿到合同的是尼古拉·萨维的落选方案。看似一场不公平的竞赛，却被历史证明是正确选择，如今的许愿池已经成为罗马最出名的公共喷泉，也是来意大利旅游的人心中最想到的地方之一。当然，我们没有机会看到原先的那个获胜方案，无从比较。历史就是这样捉弄人，既捉弄了那位倒霉的胜者，也捉弄后人。

改建工程在1732年开工，历时30年才建成，设计者尼古拉·萨维没能看到自己的作品问世。这是一组极具戏剧性的雕塑作品，从中能看到贝尼尼的影响，它背后的波利宫原本就在这个地方，为了这件新来的作品，波利宫中部的数个房间被拆除，留出足够的空间构建了一处半球穹顶的大壁龛，用来容纳海神和他脚下的大贝壳。除此之外，左右还各构建了一处矩形壁龛，左边的是丰收女神，双手提着满满的果篮，脚边倾斜的罐子里的水汩汩而出；右边这位女神左手持长矛，右手拿着水盆饮蛇，分明就是雅典娜。两位女神的上方各有一幅罗马引水渠故事浮雕。克雷芒十二世教皇的徽记在波利宫楼顶女儿墙的最高处，下面一块匾额记录了与这座公共喷泉有关的建造信息，女儿墙的四根壁柱前各有一尊持花少女像。

丰收女神像

来到罗马的游客很少有人能够忽视许愿池的魅力，似乎万里迢迢而来都欠在这里许个愿，许愿池不是寺庙也不是教堂，只有苍天在上，在这里许愿好像更纯粹、更随性、更无忌讳，背过身去往池里扔一枚硬币，默念自己的心愿，和对面认识的或不认识的人相视一笑，说那愿望就此留在了这里，不如说是留在了自己的心里。

关于许愿，派生的版本有很多，但是每个版本都说必有一个愿望是重返罗马。按照中国的传统，愿望说出来就不灵了，于是在许愿池，你会看见为数不少的中国游客在许过愿后相互问许的什么愿，回答多半是"再来罗马"，而心中秘而不宣的愿望只在笑容中隐藏。想必每次来罗马都到许愿池许愿的外乡人，总有一个愿望有一次是不能实现的，那就是"重回罗马"，如果每次来都许这个愿，总有最后一次因为生命的终结而不能实现再来的愿望，除非特来罗马终结生命。"重回罗马"与其说是愿望，不如说是念想，人生无常，异乡人总归不能用客死异乡来实现许愿池下许下的终极愿望。

从许愿池转入左边的Via Poli路能步行到西班牙广场（Piazza di Spagna），透过Via Poli路上一所大宅铁网栏，能看见宅子廊下一尊半侧卧白色大理石像，那是一位罗马武士。

豪宅庭院里的罗马武士像

西班牙广场

提起西班牙广场，很多人的第一印象来自于电影《罗马假日》里的那个大台阶，现实中的西班牙广场只是南北方向不宽的一条，北端被建筑合围散布着各色商店和咖啡厅，南端是一块平坦地，中间矗立着高高的"圣灵怀胎圆柱"，柱顶端是圣母玛利亚的全身像，这是1857年教皇比奥九世宣讲圣母圣灵怀胎的圣迹而建造的纪念柱。广场的中部是那座著名的"破船喷泉"，它的正上方才是《罗马假日》中贴着浪漫标签的西班牙大台阶。

吸引游人眼球的当然是西班牙大台阶，晴空下坐满了，大家似乎是都在期待着电影中浪漫的一幕上演，这样的等待让游人聚集越来越多，谁都不想轻易离去，生怕错过好戏。然而公主和绅士难觅踪影，要浪漫，还是要有爱人同行。好戏未到，暴雨先行，不期而至的大暴雨令人们四散而去，此时站在广场对面商店的廊下，看到的是西班牙广场难得的一幕，嵌入建筑中的西班牙大台阶在暴雨中空无一人，在乌云翻卷的天空下，呈现出它原本的面目，30～40米宽、137级的大台阶顶部的高台上是蒙蒂圣三一教堂（Trinità dei Monti），它的双塔和大台阶共同成为西班牙广场的标志，不知道的人还以为它们是一体的，其实蒙蒂圣三一教堂建于1495年，而大台阶建于1725年，两者相差230年。不过，它们俩也不是完全不相干，让我们简单回顾一下历

西班牙广场上的
圣灵怀胎圆柱

史，第一段从法王查理八世（Charles VIII）当政时期开始，这位13岁登基的年轻法王具有非同寻常的野心，1494年他24岁时借故领军入侵意大利，1495年2月攻占拿波里，开启了长达半个世界的"意大利战争"。法军的入侵引起罗马帝国和罗马教廷的强烈反应，组建了抗法军与法军作战，并在同年7月大败法军，迫使查理八世率军离开意大利。查理八世并未气馁，但是由于上次进军意大利导致负债累累，一直未能再次进军意大利，直到他在1498年4月因为意外头部撞伤去世。查理八世的继任者路易十二国王征服意大利的野心更甚，于1499年再次挥兵意大利，1500年与阿拉贡王国协议瓜分了拿波里。我们在这里暂停，回到蒙蒂圣三一教堂的诞生故事。1494年，法国隐士保拉的圣方济各（Saint Francis of Paola）出面购买了一处葡萄园，凭借他与教廷的良好关系获得时任教皇亚历山大六世的批准，修建了"最小兄弟会"（Minims）修道院，1502年，在意大利告捷的路易十二国王决定在这所修道院的旁边建造蒙蒂圣三一教堂，以庆祝他在拿波里的胜利，这座教堂因此也成为法国政府在罗马的资产。建筑结构采用法国晚期哥特式，而立面和内部装饰则是当时流行的文艺复兴风格。在那样的历史背景下诞生的蒙蒂圣三一教堂，交织着法国与意大利之间的战争纷争，到1585年才最后完工，历时83年。

第二段历史是法王路易十五在位期间的1721–1725年，这位5岁登基的国王当时只是十多岁的少年，法王路易十四的侄子奥尔良公爵菲利普二世（Philippe II, Duke of Orléans）被指定为摄政王，也就是实际上的决策人。因为时任西班牙国王腓力五世本人是法王路易十四的孙子，因此他的继承人有可能是法国国王，这将导致西班牙轻易地成为法国的实际控制国，这种可能性招到其他欧洲列强的激烈反对，引发了"西班牙王位继承之争"。经过多国谈判，1721年达成了多个双边协议，其中最重要的政治结果就是确定法王王位和西班牙王位不得由同一人继承，平息了"西班牙王位继承之争"。1721年路易十五与西班牙国王腓力五世的女儿订婚，标志着"西班牙王位继承之争"结束后西班牙与法国就此和解，路易十五在同年10月正式加冕。法国为了纪念西法两国和解，提出要出资将蒙蒂圣三一教堂下方的大陡坡改造为公共设施，以连接坡下的西班牙大使馆和坡顶的教堂，并命名为西班牙大台阶。其实修造的动议由来已久，只是遴选方案的过程一波三折，建造计划长期搁置。这次法国主动提出出资，中选的是意大利建筑师弗朗切斯科·德·桑克蒂斯（Francesco de Sanctis）提交设计方案，人们对于这位当时不出名的建筑师胜出颇感意外，事实上，他是一位走在潮流先锋的建筑师，谙熟巴洛克建筑风格，他的设计被后来的事实证明是那个时代最成功的巴洛克公共建筑。教廷建筑师亚历山德罗·斯佩奇（Alessandro Specchi）提交的方案被否决，但是他

西班牙大台阶对面的原西班牙大使馆

还是被指定参与了大台阶的后续设计和工程建设,因此有很多资料中都说这个大台阶是两位设计师的联合作品,其实以亚历山德罗当时的地位,他之前根本没有把弗朗切斯科放在眼里,更不会和他联合提交方案。

西班牙大台阶于1723年开工,1728年建成,是巴洛克成熟期的经典作品,甫一亮相,艳惊罗马,很快就成为西班牙广场地区最具象征意义的地标。18世纪的西班牙广场有不少英式茶馆和咖啡馆,是罗马的人文秀场,在历史的长河中,这里出现过诸多大师的身影,法国作家司汤达、巴尔扎克,英国诗人勃朗宁夫人,匈牙利音乐家李斯特,德国作曲家瓦格纳,英国作家狄更斯等。英国著名诗人约翰·济慈(John Keats)的故居就在西班牙大台阶的右边,他因患肺结核来此养病,罗马文学界却不能接受他的作品,加上感情失意,竟在此郁郁而终,济慈的好友英国诗人雪莱专门为他写了一首悼念诗《Mourn not Tor Adonais》,传颂至今。现在这座故居改为济慈–雪莱纪念馆,向公众开放。

西班牙大台阶,右边的楼里是济慈–雪莱纪念馆

最著名的英式茶馆在大台阶的左边，名字叫做巴宾顿茶馆，1896年开业，主人是两位英国妇女安娜·玛丽亚和伊萨贝尔·巴宾顿，这家茶馆一直坚守最传统的英式传统，除了茶点还提供午餐，不知给多少来到此地的英国人解了乡愁。

在西班牙大台阶下的路中间是"破船喷泉"（Fontana della Barcaccia），它是西班牙广场上与大台阶齐名的重要艺术品，建于1627–1629年之间，一般认为是贝尼尼父亲彼得·贝尼尼（Pietro Bernini）的作品。自1623年起，教皇任命彼得为负责处女渠（Acqua Vergine）引水工程的建筑师，破船喷泉是处女渠的出水口之一，还记得许愿池吗？那也是处女渠出水口之一。有些传闻长久以来围绕破船喷泉，一是关于创意，说教皇乌尔班八世在一次台伯河泛滥时目睹一条船被冲到这条街道，留下深刻印象，因而嘱彼得·贝尼尼改建这里的出水口再现当时的情景；二是关于作者，说是彼得·贝尼尼的比较多，也有人说主要是儿子济安·劳伦佐·贝尼尼，父亲彼得只是帮助做了一些装饰。从年份看，彼得在1627年时已经65岁高龄，并且在1629年去世，而儿子贝尼尼在1627年时已经得到教皇乌尔班八世的重用，集中精力制作圣彼得大教堂的青铜华盖，因此比较可能的情况是父亲受命完成处女渠一处出水口的改建，儿子怜惜父亲年事已高，出手相助，而作品还是落在父亲的名下。

巴宾顿茶馆

西班牙广场上的破船喷泉

这座出水口的水量一直就很小，原先的出水口因此平淡，据说这也是乌尔班八世教皇不满意的原因。新改建的"破船喷泉"残破的船舱实际上起到了蓄水池的功能，与船外的水池构成了有落差的梯级水面效果，水从船的一些残破处流出，水流不必大，又很贴合"破船"的情境，堪称神来之笔。

柯罗苏圣安博及嘉禄堂

从西班牙广场往西4个街区的柯罗苏大街（Via del Corso）有一座重要的教堂，名为柯罗苏圣安博及嘉禄堂（Chiesa dei Santi Ambrogio e Carlo al Corso），专为纪念被册封为圣人的圣安博（Saint Ambrose）和圣查尔斯·博罗米奥（Saint Charles Borromeo）而建，在罗马共有3座纪念圣查尔斯·博罗米奥的教堂，这是其中一座。1612年，时任教皇保罗五世教堂决定在圣尼古拉教堂原址上为这两位米兰籍圣人扩建现在的纪念教堂，同年1月29日工程奠基，1669年建成，有多位建筑师和画家参与了建设和内部装饰工程。教堂原址建筑平面呈拉丁十字形，自然形成三个礼拜堂，一字形甬道两侧还各有三座小礼拜堂。教堂中央礼拜堂居中绘画名为《耶稣、圣母与圣安博和圣查尔斯·博罗米奥》，是一幅点题作品，它的上方是石膏天使群像，取材于《启示录》中《反叛天使堕落》的故事。

　　作为纪念教堂，这里面当然有特定的纪念礼拜堂，"圣查尔斯之心圣遗礼拜堂"就是其中的一个。圣查尔斯心脏圣遗是米兰大主教费德里克·博罗米奥（Federico Borromeo）赠送给柯罗苏圣安博及嘉禄堂的礼物，这位米兰大主教是圣查尔斯·博罗米奥的表兄。圣遗于1614年6月22日抵达罗马，来的时候装在一个小木棺内，外面有米兰大主教的签封，送到之后被放入一只庄重华美的圣体瓶里，圣体瓶由银和蒙特水晶制成，再装入一只纯金带门的圣体匣，最后又加上了一道签封。1625年"圣查尔斯之心圣遗礼拜堂"建成，圣体匣被正式安置这座礼拜堂带顶的壁龛内，直到今天。壁龛的上方壁画是《保佑圣母玛利亚和圣人》，顶部有一座圣查尔斯·博罗米奥半身塑像，这尊塑像在历

柯罗苏圣安博及嘉禄堂中央礼拜堂

圣查尔斯之心圣遗礼拜堂

圣查尔斯之心圣体匣

柯罗苏圣安博及嘉禄堂内部的巴洛克风格装饰

史上曾经数次被请下壁龛，在隆重的巡游中接受信徒们的礼拜，这是由来已久的传统。

柯罗苏圣安博及嘉禄堂的珍贵之处还在于其内部纯熟的巴洛克风格。源于古希腊的柯林斯柱，在这里演化成镀金柱头和色彩鲜艳的大理石壁柱；文艺复兴风格绘画艳丽的设色，在这里结合激烈的肢体动作和强烈的面部明暗变化，具有巴洛克绘画的典型风貌；古典主义的白色石膏装饰被贴上金箔，由典雅转变为华丽；由卷曲的植物花叶演变而来的大面积曲面和螺旋构件则是巴洛克特有的建筑语汇，在这座教堂中随处可见。有幸在西班牙广场附近参观到这样一座保存完好的巴洛克教堂就像是一件意外的礼物，作为罗马之行的最后一站，它不像是句号，而是省略号。不是说罗马是一座需要用双腿步行来细细欣赏的城市吗？这座教堂就是在不经意间闲逛碰上的，可见只要有时间，在罗马城里多走走，总会有意想不到的欣喜等在那里。

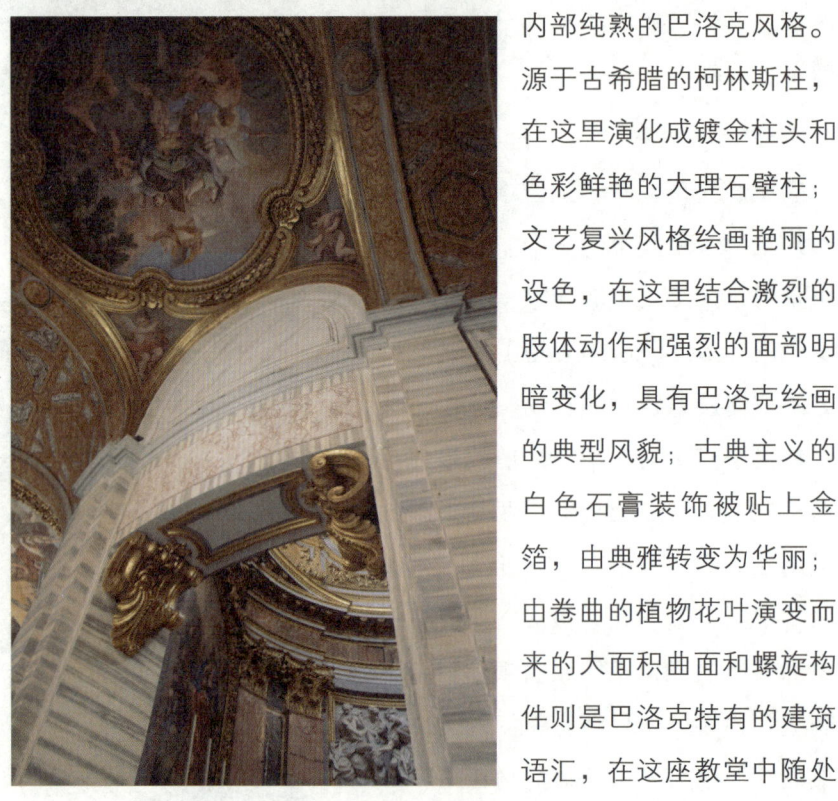

第五天

今天我们将用一整天时间欣赏佛罗伦萨。这座古城的名字在我的脑海里有三个形象，一是市政厅广场的《大卫像》，二是徐志摩笔下的翡冷翠，三是梅迪奇家庙里的《夜》《暮》《晨》《昼》。

佛罗伦萨广场

车并没有把我们直接带进佛罗伦萨老城，而是停在了河对岸的台城之上，从这里远眺，佛罗伦萨老城尽收眼底，几处明显的地标性建筑亲切地从画册上走到眼前，由最左边阿诺河老桥（Ponte Vecchio）开始，旁边带高大廊柱的两层楼是乌菲兹美术馆，再过来那座高耸的塔楼属于市中心市政广场的旧宫，再往右是乔托钟楼，旁边是圣母百花大教堂，再往右是佛罗伦萨老城里最后一座

佛罗伦萨老城

有高大钟楼的建筑圣十字教堂。佛罗伦萨老城的屋面像一片橙红色的海洋，偶尔露出些黄白相间的墙，与那几座高大凸起的地标建筑一起构成了这座老城的轮廓，在群山的怀抱中形成美丽的天际线。时间仿佛在这里凝滞，没能改变老城的容颜，这会是当年徐志摩眼中的翡冷翠吗？他在《山居闲话》中描述的闲适似乎离城市很远，当我们从远处眺望这座城市，心中充满着一堵芳容的期盼。那就让我们暂时将志摩先生的情致放在一边，记着"翡冷翠"这三个美丽的字就好了。

这座台城是建于1860年的佛罗伦萨广场，大卫塑像被放大成青铜复制品，安置于广场的中央。瞥了一眼它的背影，心却早就飞到河对岸，急切地想要投入老城的怀抱，第一个想去的就是市政广场，那里的大卫像虽然也是复制品，但那个地方却是它刚一问世就在的地方，好像唯有那个环境才是它的家。

佛罗伦萨广场上的《大卫像》青铜复制品

佛罗伦萨市政广场

进入佛罗伦萨老城，第一站是市政广场，它的意大利文名字Piazza della Signoria可以直译为领主广场，也有用音译叫做"西尼奥列广场"的。作为佛罗伦萨的政治中心，始建于1299年的执政宫（Palazzo dei Priori）坐落于此。需要说明的是佛罗伦萨从1115

年起成为罗马帝国特许自治市，有自己独立的政治体制，在13世纪罗马教皇与罗马帝国的纷争中，佛罗伦萨政界分裂，最终实际控制权落入了梅迪奇家族的手中。执政宫刚一建成曾经是佛罗伦萨Signoria的办公地，Signoria相当于市政厅最高首长这个职位的前身，这个广场从此正名为Piazza della Signoria。不过时间很短，执政宫很快升格为佛罗伦萨政府办公所在地，直到1540年，佛罗伦萨大公科西莫一世·德·梅迪奇（Cosimo I de 'Medici）决定将执政宫变成自己居住和生活的寝宫，这一做法明确地向公众表明，科西莫一世是佛罗伦萨毋庸置疑的统治者，在动乱年代，这个信息对于稳定统治很有必要，执政宫就此更名为"领主宫"（Palazzo della Signoria）。1565年，科西莫一世将寝宫迁往阿诺河对岸新建成的皮提宫，领主宫更名为"旧宫"（Palazzo Vecchio），沿用至今。现在，这座宫殿的大部分被改为博物馆，但是它仍然是佛罗伦萨市长办公室和市政厅所在地。在有关佛罗伦萨的介绍中常提到的执政宫、领主宫、旧宫和现在的市政厅都是同一处建筑，而领主广场、西尼奥列广场、旧宫广场和市政广场等，指的都是同一广场。为避免歧义，后文中将使用现在的名字"旧宫"和"市政广场"。

还没走进市政广场，远远地就能看见那座95米高的钟塔，细长的塔身配上大出一圈的顶部钟楼，立在旧宫一侧外沿，叫人有些担心它的安稳。其实不必多虑，它已经靠在边缘700多年了，立在这个奇怪的位置没有别的原因，就是因为1299年建造执政宫的时候，这个地方原先有两座旧建筑，钟塔位置在此只是为了方便利用原建筑钟塔的基础。原先的两座建筑一是"凡提宫"，一是"执法官宫"，两者都是齐柏林家族（Ghibelline）的财产，他们属于支持罗马帝国的一派，在1266年失势出局，可见梅迪奇家族在这个重要的地方铲除旧建筑建立新的执政宫也是一种政治谋略。建筑整体呈哥特式风格，巨大石块垒成城堡主体，只在最上面开两排哥特式中分双扇窗，两扇三叶草形窗拱之间的空处分别装饰了浮雕十字架或象征佛罗伦萨的鸢尾花，两种图案在同排窗户相间分布，上下两排窗户间相异分布，如此细密考量，也是哥特建筑特色之一。窗户的上方是一排牛腿支撑的冠状堞垛，环绕整个建筑，与钟塔顶部的钟楼构造相呼应。堞垛下方有9种手绘的佛罗伦萨盾形徽记。需要说明的是很多人认为佛罗伦萨的市花是百合，其实这是一个误会，它的市花是一种叫做"Florentine Lily"的鸢尾花，欧洲人常称鸢尾花为Lily，只是这个Lily并不是百合花。

旧宫和广场上的科西莫一世青铜塑像

面向旧宫入口，左边是米开朗基罗《大卫像》的复制品，右边是巴乔·班迪内利作品《大力神赫克拉斯和卡库斯》。对于《大卫像》我们足够熟悉，来到这儿只为怀想1504年5月14日傍晚那一幕，《大卫像》从工棚移送到这里正式安家，这是米开朗基罗自己选中的位置。佛罗伦萨市民认为大卫赤身露体有猥亵之嫌，放在公共场合有伤风化，令佛罗伦萨蒙羞，在移送的过程中用乱石砸向塑像。米开朗基罗对此很无奈，就好像在塑像的制作过程中，行政官光临工棚，故作姿态地说"鼻子太厚了"，米开朗基罗二话不说爬上台架，握着錾子的手里藏一把石粉,假装修改让石粉落下,之后向行政官说"现在请看",行政官说"我更喜欢了,你把它改得有了生气",米开朗基罗当然什么也没改,心中留下的只是对权贵无言的蔑视,对于市民的抗议,米开朗基罗同样置之不理。那时的米开朗基罗还是29岁的青年才俊,一身才华,崭露头角,战争和政治令他冷漠,家庭的重负令他沉默,作品是他表达心声的出路,在大卫的眼神中我们看见的是不屈的悲怆,这就是那个时候的米开朗基罗,还不是那个日后出现在罗马被教皇挟持了精神的米开朗基罗。

右边的《大力神赫克拉斯和卡库斯》是巴乔·班迪内利(Bartolomeo Brandini)1534年的作品,这位雕塑家的老师是达·芬奇的朋友乔瓦尼·弗朗切斯科·鲁斯蒂奇(Giovanni Francesco Rustici)。1504年,行政官将旧宫会议室的两幅壁画分别交给米开朗基罗和达·芬奇,两位同为文艺复兴杰出艺术家被动地成了对立双方,佛罗伦萨上流社会分成两大阵营,各自支持一方,而他们两位内敛的个性令他们之间少有直接交流,这种对立在两人都离开佛罗伦萨之后也没有化解。在此背景下,巴乔·班迪内利成年后依然被人们划在达·芬奇那一边,有人说他一生都在对米开朗基罗的嫉妒中度过,也难怪,生在大师的年代,又不幸处于对立阵营,剩下的就只有悲叹了。《大力神赫克拉斯和卡库斯》是克雷芒七世教皇梅迪奇

旧宫门前的《大卫像》,米开朗基罗作品

命巴乔·班迪内利制作的,1527年大力神的上半身完成的时候遇上了罗马之劫(又称罗马大政变),克雷芒七世受困罗马圣天使城堡,作为梅迪奇家族的御用雕刻家,巴乔·班迪内利也没有幸免,1530年才获自由回到佛罗伦萨,1534年完成这件作品的时候他已经41岁,从安放到旧宫门前那天起,就招来无数嘲讽,他一生都在模仿米开朗基罗却又怕被人识破,有同时代的艺术家说他做的小样还有几分才情,但是扭曲的内心使得作品一落到大理石上就面目全非,这个评价令他纠结终身。这尊作品高5米5,最初的蜡模比这还高,因为找不到石料才改小的,巴乔·班迪内利自以为巨大的体量能获得惊世骇俗的效果,不输给比邻的《大卫像》,而结局却是事与愿违。

《大力神赫克拉斯和卡库斯》,巴乔·班迪内利作品

进入旧宫,第一进院落呈半月形,为哥特式穹顶建筑,初建时的装饰风格已无存,1565年,科西莫一世的长子弗朗西斯科一世·梅迪奇迎娶奥地利公主乔安娜·冯·哈布斯堡,为了这次重要的联姻,这所院落进行了一次彻底的重新装修,总体设计由意大利画家、建筑家乔治欧·瓦萨里(Giorgio Vasari)承担,他是米开朗基罗的学生,一直为梅迪奇家族服务,得到科西莫一世的器重,由他主责这次重新装修,也显示了梅迪奇家族对他的信任。目前看到内部装饰具有鲜明的矫饰主义风格,这是文艺复兴运动后期出现的新潮流,意在向前辈理性思维指导绘画的观点发起挑

旧宫第一进院落

战,也可以说是一种艺术风格成熟后必然会有的现象,至于这种创新是否能够形成下一个高峰则是另一回事,类似的例子还有新古典主义对古典主义的挑战等。这又是一次命题之作,室内壁画由多位画家完成,其内容是哈布斯堡王朝辖下主要城市的景观,包括布拉格、林茨、因斯布鲁克、弗赖堡和维也纳等。因为绘画材料和方法的问题,这些壁画在数百年间褪色、剥落,往日的鲜艳大都无存,持续维护保养是如今当地文保部门的工作内容之一。

时间有限,我们不得不离开旧宫回到广场,出门左边的凉棚式建筑是兰茨廊(Loggia dei Lanzi),右边的《大卫像》之后依次为青铜雕塑复制品《朱迪斯斩首赫罗弗尼斯》(Judith and Holofernes)、尼普顿喷泉和科西莫一世骑马铜像。我们先从兰茨廊看起。

兰茨廊建于1376—1382年间,那时的旧宫是执政宫,当局每两个月都要在广场举行一次城市执政官更替仪式,这座凉棚式建筑相当于主席台,遮阴避雨又不妨碍官员主持仪式,它当时的名字叫"执政官廊"(Loggia dei Priori)。现在的名字"兰茨廊"(Loggia dei Lanzi)源于Lanzichenecchi,意为"雇佣兵","兰茨廊"的意译名就是"雇佣兵廊",这是因为在15世纪末至16世纪由德国雇佣兵守卫这座宫殿,他们的哨位就设在这座凉廊之内,故而称之为"雇佣兵廊"。如今雇佣兵早已不存在,这座凉廊成了人们可以自由出入和小憩的场所,更重要的是廊内汇集了一批重要的雕塑艺术品,令兰茨廊成为没有围墙的公共博物馆,这里有本韦努托·切利尼(Benvenuto Cellini)1554年完成的作品《柏修斯斩首美杜莎》青铜像、詹波隆那(Giambologna)1582年完成的作品《强奸萨宾妇女》和1599年完成的作品《大力神赫克拉斯与半人马涅索斯》等。

现在转向旧宫大门的另一边,《大卫像》旁边的青铜雕塑复制品《朱迪斯斩首赫罗弗尼斯》是意大利文艺复兴早期艺术家多纳泰

《柏修斯斩首美杜莎》,本韦努托·切利尼作品(左);《强奸萨宾妇女》,詹波隆那作品(右)。(高鹏摄)

罗（Donato di Niccolò di Betto Bardi，1386—1466年）的作品，原作就收藏在后面的旧宫博物馆内。这件作品所讲述的故事很传奇，是《圣经·旧约·朱迪斯书》中记载的美人计（《朱迪斯书》也译作《友弟德传》）。故事发生在公元前8世纪，将军赫罗弗尼斯（Holofernes）率领亚述帝国（Assyria）军队在巴勒斯坦攻城略地，围困了伯夙利亚城（Bethulia，据考证该名字是虚构的，具体位置应距耶路撒冷不远），朱迪斯（Judith）是城中一位富有的寡妇，她带女佣前往城外亚述军帐，施美人计与赫罗弗尼斯把酒言欢，待赫罗弗尼斯酒醉酣睡之际割下其头颅，装入布袋带回城中。翌日城内军民将赫罗弗尼斯首级挂在城头，佯攻城外，亚述军这才发现赫罗弗尼斯已死，群龙无首自我溃败，被蜂拥而出的守城军民消灭。在真实的史实中，亚述军队在巴勒斯坦战争中骁勇残暴，所向披靡，曾掠夺了大量财富，并俘获几十万人押回亚述做奴隶，失利于朱迪斯美人计只是一次几乎可以被略去的小事，因而在正史中难觅踪迹，然而对于《圣经》来说，朱迪斯美人计的胜利几与圣迹相当，不可忽略。然而出于某些原因，基督教使用的标准版《圣经》中删去了部分章节，《朱迪斯书》也在其中，而天主教的《圣经》中则依然保留着《朱迪斯书》。

《朱迪斯斩首赫罗弗尼斯》，多纳泰罗作品

在《朱迪斯斩首赫罗弗尼斯》与《科西莫一世青铜像》之间是《尼普顿喷泉》。我们在纳沃纳广场已经见到过一处尼普顿喷泉，主人公同样是海王星，只是这座喷泉没有了杜撰的海王星大战章鱼，变成仪式感颇强的场景，这也难怪，雕塑家巴尔托罗梅奥·阿曼纳蒂（Bartolomeo Ammannati）把正中间的海王星换成了科西莫一世的脸，他一蓬浓密的胡须泄露了这个秘密，又配上头冠，和尼普顿的传统形象确实有不小的距离。阿曼纳蒂是文艺复兴运动后期的意大利雕塑家，在美术史上被归入矫饰主义一派，凡是比拉斐尔、达·芬奇、米开朗基罗晚一批的学生辈意大利艺术家最后多半被归入矫饰主义，这个现象似乎是说，伟大的文艺复兴运动虽然有重要意义，但并不像我们想象的那样持久，也许是大师们过于登峰造极了，以至于他们的晚辈无力攀登比肩，万般无奈下只得另辟蹊径，在这个背景中诞生的矫饰主义，带有强烈的"切割"意愿，而

《尼普顿喷泉》，阿曼纳蒂作品

作品本身少有动人心魄，这座尼普顿喷泉也不例外，别的不说，海王星的身形既没有古希腊雕塑的美，也没有古罗马雕塑的美，更看不到米开朗基罗那代大师的美，这种退步可能是必然的，冥冥中为孕育另一个辉煌做准备。

但丁故居

从市政广场去往圣母百花大教堂，向北步行100多米进入名叫Via Dante Alighieri的路再向西，不远处有一片小小空地，这里就是但丁故居，现在已开辟为但丁故居博物馆（Museo Casa di Dante）。但丁的全名是Durante degli Alighieri，简称为Dante Alighieri（但丁·阿利杰利），显然这条小路是以但丁的名字命名的。但丁1265年出生在佛罗伦萨，据但丁故居博物馆考证，这里是但丁家族居所，他出生在这所房子里，并一直居住到1301年离开，再也没有回来过。在前面介绍市政广场的时候我们曾经简略回顾了13世纪发生在佛罗伦萨的政治斗争，但丁家族支持的盖尔非派（Guelphs，倾向罗马教皇的一派）获胜，但立刻就又分裂为黑、白两党，黑党绝对效忠教皇，白党希望佛罗伦萨保持相对的政治独立，但丁家族属于白党，他本人是白党中坚分子，成为六人最高委员会成员之一。1301年10月中旬，教皇高调派特使来佛罗伦萨平息两党争议，人已到达佛罗伦萨城门外，执政官认为许多信息和意见尚未与教皇沟通清楚，执意派代表团去面见教皇，尽管但丁的白党身份非常明确，他还是被指定参加代表团前往罗马。1301年11月1日，教皇特使进佛罗伦萨城，立即组织黑党剿灭

但丁故居

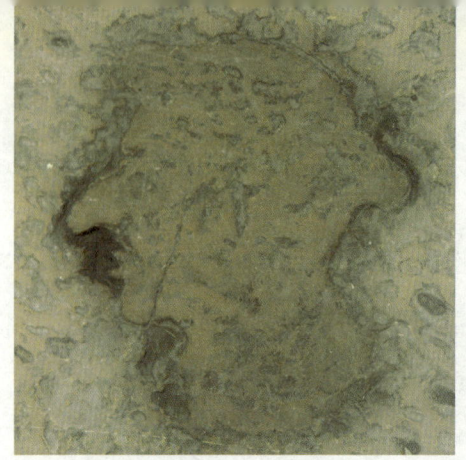

但丁故居门前的水泥嵌石子地面上藏着一幅但丁侧面肖像

但丁教堂前身是"瑟琪的圣玛格丽塔教堂"

白党,在1302年1月21日以犯贪污罪判处但丁罚款和流放托斯卡纳两年。由于但丁未出席审判等于不认罪,同年3月10日改判但丁死刑。但丁时年37岁,在从罗马返回佛罗伦萨的路上得此消息,因此再也没能回到佛罗伦萨。

但丁出生于佛罗伦萨没落贵族家庭,父亲是一位租赁业商人,但丁故居位于佛罗伦萨中世纪老城中心地带,虽然这座建筑在20世纪初翻新过,但还是保留着中世纪的历史风貌。在故居的旁边有一处小礼拜堂,现在的名字是但丁教堂(Chiesa di Dante),它原来是"瑟琪的圣玛格丽塔教堂"(St. Margherite de' Cerchi,瑟琪家族是白党的主力),有人说这是但丁与少女贝阿特丽切(Beatrice)初次相遇的地方。但丁心中藏有一段从未表白过的爱情,直到贝阿特丽切青年夭亡,但丁才将多年来写给她的诗文集结为《新生》出版,这是1293年,这部作品中看不到政治和战争,只有情意绵绵。但丁教堂内悬挂了两幅现代油画作品,记录的都是但丁路遇贝阿特丽切的场景,一幅画中的贝阿特丽切是丰姿绰约的少女,而另一幅画中的贝阿特丽切还是天真烂漫的小女孩,两幅画印证了有关这段柏拉图之爱两种版本的传说。人们在这里用鲜花纪念但丁,纪念这位伟大诗人在这个地方给这座城市留下的人文情怀。

奠定但丁伟大诗人地位的作品《神曲》呈现了与《新生》完全不同的风貌，那是他在被流放之后在辗转流离中写成的，巨大的人生变故没有让他沉沦，反倒促使他全面思考社会问题，将自己对当今社会的观察、评价、期望和总结出来的新思想和新世界观用《神曲》这部作品表达了出来，表达的方式兼具神秘和梦幻，令初读此部作品的人误以为这是神话作品，其实里面的内容不与任何神话传说有关，作品原本的名字叫做《喜剧》（Commedia），16世纪时被崇拜者加上了"Divina"（神圣的）成为"Divina Commedia"（《神圣的喜剧》），中文译名为《神曲》。这里的"喜剧"与巴尔扎克的《人间喜剧》异曲同工，并不是一般意义上的喜剧，而是对世间万象的描述，在但丁，这种描述更像是现实与理想交织的世界。神曲分为三部，分别是《地狱篇》（Inferno）、《炼狱篇》（Purgatorio）和《天堂篇》（Paradiso）。如果拂去隐喻的面纱，《神曲》是一部现实主义作品，《地狱篇》描写的是他眼中的现实世界，《炼狱篇》描写的是他诚意接受磨难、坚信灵魂可以浴火重生的真实心境。如果撇去秘境的光环，这又是一部理想主义作品，《天堂篇》是但丁对理想世界的描述和憧憬，并且坚信理想终将成为现实。

但丁教堂内的油画《但丁路遇贝阿特丽切和其母亲Cilia de' Caponsacchi及女友 Monna Tessa》，马里奥·德·埃利亚作品，1991年绘制

但丁的意义远不止于佛罗伦萨，他在文学史上位于中世纪封建制度与资本主义制度萌发之间，不仅起着承上启下的作用，而且开创了全新的语境和认知世界的视角，同时他对意大利文学语言做出

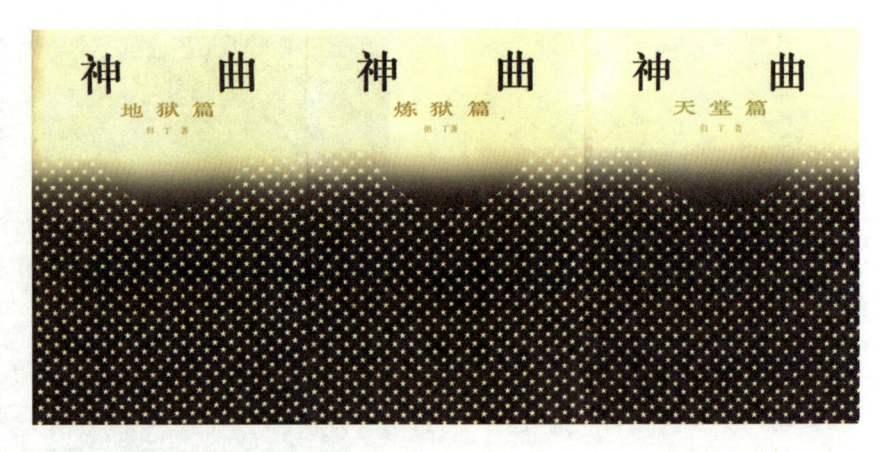

《神曲》中译本，朱维基译，上海译文出版社1984年版

了贡献巨大，以格律严谨的三韵律写成的《神曲》被誉为意大利民族语言文学作品经典，但丁因此更属于意大利，属于全世界。但丁被流放和死刑判决有确切的历史记录，但没有查到撤销的实据，哪怕仅仅是名义上的（比如1992年教皇就宗教裁判所1600年的判决为布鲁诺平反）。佛罗伦萨也许因此对但丁有愧，在佛罗伦萨的诸多介绍中，但丁故居总是静静地待在一个不起眼的角落。

圣母百花大教堂和乔托钟楼

下一站是Cattedrale di Santa Maria del Fiore，中文总是译成"圣母百花大教堂"，更有一些介绍文章误以为佛罗伦萨的市花是百合花，然后就说这名字里的"百花"就是"百合花"，其实当然跟百合花没有丝毫关系。欧洲的大部分主哥特式教堂都是圣母堂（也称圣母院，如巴黎圣母院），专为崇拜圣母玛利亚，佛罗伦萨这座也不例外。有资料显示，教堂名字中的"花"是果实的象征，明确指向耶稣，因为他是圣母以处女身受孕产下的圣子，是圣母非凡圣德之举的珍贵"果实"。据大教堂官方资料，这里的Fiore原本还含有谐音Florence（佛罗伦萨）的意思，因此直译为"花之圣母玛利亚大教堂"或"佛罗伦萨之主圣母玛利亚大教堂"更妥。

远眺主教座堂

"Cattedrale"是主教座堂的意思，是教区大主教的正式驻在地，这座圣母堂是佛罗伦萨主教座堂，从宗教地位而言，它是佛罗伦萨最高级别的教堂，因此拥有最为宏伟华丽的教堂建筑是顺理成章的，下面我们就称之为"主教座堂"。主教座堂所在地也有一片广场，称为主教座堂广场（Piazza del Duomo），附近还有"乔托钟楼"（Campanile di Giotto）和"圣乔万尼洗礼堂"（Battistero di San Giovanni），然而可以想见，像佛罗伦萨这样一个历史悠久的城市，这样重要的宗教场所，这样一群建筑不可能是凭空而来，每座建筑都有自己的前世今生，也都有先来后到，我们边看边讲吧。

主教座堂所在位置原本有一座圣雷帕拉塔教堂（Basilica di S. Reparata），建于公元5世纪至6世纪之间。13世纪末，佛罗伦萨市政府认为原有的雷帕拉塔教堂既老旧又狭小，无法与其宗教地位相匹配，1296年，红衣主教瓦勒良（Valeriano）宣布在这座教堂的基础上改扩建新教堂，并在开工日亲自为新教堂奠基。1412年，新教堂被正式命名为"花之圣母玛利亚"。主教座堂工程历时170年，到1466年才告完工，其间最大的挑战无疑是它巨大的穹顶，由建筑家菲利波·布鲁内莱斯基（Filippo Brunelleschi）设计和主持建造。不同于罗马万神庙的浇筑方式，也没有搭建规模庞大的

"满堂彩"鹰架，它采用逐层搭架砌筑工艺完成，高超的建筑技术令人叫绝，有当时的作家这样描写：它是如此宏伟美妙，直上云天，整个托斯卡纳都被它的光辉笼罩。米开朗基罗后来在设计梵蒂冈圣彼得大教堂穹顶时也这样感慨：我可以做得更大，却不会比它更美。

现在我们看见的主教座堂的外立面是在1871—1887年间重做的，由埃米利奥·德·法布里斯（Emilio De Fabris）设计，用白色、蓝绿色、粉红色大理石和天然石材马赛克贴面组成，色彩所构成的纹理和建筑结构本身的线条相互交织，构成

佛罗伦萨主教座堂大穹顶外观

了"新哥特风格"的罕见景观，在教堂建筑史上独树一帜。

与主教座堂比邻的乔托钟楼因建筑师乔托·迪·邦多纳（Giotto di Bondone）设计而得名，这位建筑师同时也是一位画家，后面会介绍他的绘画作品。乔托钟楼高84米，分6层，外立面装饰与主教座堂相一致，它是主教座堂的钟楼，也是不可分割的一部分，只是通常钟楼和教堂在建筑上合二为一，而乔托钟楼却是独立的。一层墙面上分布着一行浮雕，内容与《圣经》有关，包括牧羊、音乐、冶金、酿酒、占星术、建筑、纺织、医药等。二层墙面上分布着一排与真人等高的人物塑像，南侧代表神学和品德，东侧代表艺术自由和"四艺"即算术、几何、音乐和天文，北侧代表七大圣事，剩下的是七大行星之神。不过现在陈列的都是复制品，原作已经入藏附近的大教堂歌剧院博物馆（Museo dell'Opera del

Duomo）。楼顶的大钟曾几经更换，目前一共有7口钟，分别是："Campanone"，重5吨，标准音"La"；"Apostolica"，重2.5吨，标准音"Do"；"Apostolica"，重1.8吨，标准音"Re"；"Assunta"，重846千克，标准音"Mi"；"Mater Dei"，重481千克，标准音"So"；"Annunziata"，重339千克，标准音"La"；"Immacolata"，重237千克，标准音"Si"。7口钟分别能发出7声音节里的一个标准音，由一套现代电机系统驱动，可以想见，当它们共同奏响乐曲会是何等美妙。不过在哪种情况下鸣钟依旧遵循古老传统，例如每天早晨、正午和落日时分按常规鸣响，却并不为每天的惯常弥撒而敲响，而在一些重要的日子里，如每年5月和10月的庄严玫瑰经诵经仪式（Solemn Rosary）、每年12月16—24日的圣诞诺维娜仪式（Christmas Novena，圣诞节前9天的特别弥撒）等，钟声会隆重响起。

佛罗伦萨主教座堂和乔托钟楼

佛罗伦萨主教座堂大穹顶壁画《末日审判》，乔治欧·瓦萨里（Giorgio Vasari）和费德里克·祖卡里（Federico Zuccari）1572—1579年完成

走进主教座堂，内部古拙朴素的样貌与外立面的轻松华丽形成很大反差。这座长150米、高宽各90米的巨大建筑，内部装饰简单到极致，给人的震撼无法用语言形容。教堂的建设资金源于城市公共建设基金，既是一项政府工程，也是一项重要的宗教工程，凡与工程建设有关的事项都在当时得到空前关注和重视，令参与其中的人心怀敬畏。处于中世纪与早期文艺复兴运动交替的时代，一群杰出的建筑师用谨慎的态度描绘心中蕴藏的创作激情，如果说威严简洁的柱子和穹顶让人想起罗马乡村教堂，那么彩色大理石拼就的地面则完美诠释了什么是含蓄的优雅与华美。

佛罗伦萨主教座堂内部

圣乔万尼洗礼堂

最后我们来看圣乔万尼洗礼堂，也有称它为"圣约翰洗礼堂"或"圣若望洗礼堂"的，这是因为意大利语中的乔万尼（Giovanni）在英文中是约翰（John，也译作"若望"），在《圣经》中指的都是同一个人，就是常说的圣洗者约翰。因为是在意大利，下面统一称为"圣乔万尼洗礼堂"。

洗礼无疑是天主教和基督教最重要的仪式之一，如今受洗并不意味着洗脱"原罪"，也并不是加入教会的必要步骤，更多的是建立信仰、坚定信念的心灵过程。洗礼仪式多在教堂内举行，大部分教堂都在大门附近设有洗礼池。佛罗伦萨主教座堂内没有设洗礼堂，因为在它的大门外早就有一座专门的"圣乔万尼洗礼堂"，而且它自公元5世纪或6世纪初就已经出现在这里，它的岁数比主教座堂大600多岁。从时间上看，洗礼堂出现的时间和圣雷帕拉塔教堂基本相同，因此推断它当时是与圣雷帕拉塔教堂配合使用的洗礼堂。

圣乔万尼洗礼堂是一座坡顶八角形建筑，据说代表教义中有特殊意义的"第8天"，这是耶稣复活的日子，在具有这个象征意义的地方举行洗礼，意味着人的生命在永无终结的"第8天"开始全新的历程。洗礼堂有四个大门，其中的东门就是最著名的"天堂之门"，这是由米开朗基罗命名的。青铜的门框上镶嵌有10幅《圣经·旧约》的故事场景，自上而下、从左至右像连环画一样讲述故事，上面6幅的情节来自《圣经·旧约·创世纪》，下面4幅分别来自《圣经·旧约·出埃及记》、《圣经·旧约·约书亚记》、《圣经·旧约·撒母耳记（上）》和《圣经·旧约·列王记（上）》。

第1层的两幅，左边是《创世纪》1~3章关于上帝创造天地万物和人（亚当、夏娃）以及亚当夏娃偷食禁果被逐出伊甸园的故事，右边的是《创世纪》第4章中亚当和夏娃生下两个儿子该隐和亚伯、该隐种地亚伯牧羊和该隐杀了亚伯并为此受到上帝惩罚的故事。

第2层左边是《创世纪》第5~9章关于诺亚受上帝之命建造方舟、带全家和走兽牲畜进入方舟躲过洪水重启生活、诺亚酒醉引发诅咒迦南的故事，右边是第《创世纪》17~24章中上帝赐福亚伯拉罕令他百岁得子、亚伯拉罕款待三位天使、亚伯拉罕以子献祭被天使阻拦、亚伯拉罕遣仆为长子以撒娶妻瑞贝卡的故事。

第3层左边是《创世纪》第25~31章以撒的两个儿子伊索和雅各布出生、伊索出卖长子名分、以撒命伊索为自己打猎、伊索外出打猎、瑞贝卡给雅各布出主意骗得以撒的祝福、雅各布与上帝对话的故事，右边是《创世纪》37~45章雅各布的儿子约瑟被哥哥们卖给商人、哥哥们带埃及采购粮食、约瑟将哥哥们买粮食的银子悄悄奉还、约瑟用金杯计设法留下亲弟弟本杰明、约瑟与哥哥们相认的故事。

第2层右边《亚伯拉罕》的故事

第4层左边是《出埃及记》第19～20章中摩西在西奈山从上帝手中接过"十诫"文书、西伯来人百姓被上帝要求不得上西奈山的场景；右边是《约书亚记》第1～5章约书亚受上帝指引率以色列民众渡过约旦河、攻克杰里科城的故事。

第5层左边是《撒母耳记（上）》第17章中大卫在与菲利斯人之战中杀死菲利斯军讨战者歌利亚的故事；右边是《列王记（上）》第10章中所罗门在耶路撒冷的宫殿中会见示巴女王的故事。

每扇门的周围还有一圈人物装饰，全部采用高浮雕铜鎏金工艺，在沉稳的青铜底色上呈现悠远明亮的金色，没有刺眼的炫目，近前观看，这些画面并不只有简单的人物形象，而是《圣经》中与之相关的故事场景，每一幅都像是戏剧舞台上生动的一幕，人物众多，情态生动，环境和背景细节都交代得非常清楚，兼以高浮雕精雕细琢，引人入胜。这是意大利雕塑家洛伦佐·吉贝蒂（Lorenzo Ghiberti，1378—1455年）的作品，1425年开始，1450年才完成。吉贝蒂处于意大利文艺复兴运动的前夜，年少时在金银匠作坊学徒，后来学习青铜雕塑并

圣乔万尼洗礼堂东门《天堂之门》

《天堂之门》上的洛伦佐·吉贝蒂像

恢复了古罗马的失蜡浇铸法,在艺术和工艺方面都具有很高的造诣,有评论认为他代表了文艺复兴运动萌芽时期最重要的艺术家之一,在左侧门扇第3、4幅场景之间的人物头像就是洛伦佐·吉贝蒂本人。为了保护这件重要的艺术品,目前游客看见的是复制品,东门也已用铜质栅栏封闭。

圣洛伦佐教堂·梅迪奇家庙

离开主教座堂广场向西北方向步行约400米是此行的下一站,圣洛伦佐教堂(San Lorenzo),在历史上它的别名是梅迪奇家庙,教堂中的梅迪奇礼拜堂(Cappelle Medicee)就是专为梅迪奇家族建造的。在意大利的辉煌历史中,梅迪奇家族有着不容忽视的地位,他们先是在银行业积蓄实力,进而进军政坛,在佛罗伦萨作为特许自治市期间,梅迪奇家族是佛罗伦萨的统治者,进而主宰托斯卡纳大公国直至1737年。这个时期涵盖了文艺复兴运动的兴起

圣洛伦佐教堂·梅迪奇家庙

和陨落，如果说佛罗伦萨是文艺复兴运动的摇篮，那么梅迪奇家族就是守护这摇篮的保姆。梅迪奇家族政治影响力不仅限于佛罗伦萨以至托斯卡纳，也包括罗马教廷，家族中先后出了三位教皇。梅迪奇家族对于艺术的热爱很难说完全出于政治的考量，但是家族过深卷入错综复杂的艺术圈，政治因素令那个时期的艺术氛围陡然严峻。家族出资成就了文艺复兴运动大师们的辉煌作品，伴随着的是大师与梅迪奇家族间理念上的差异、人格上的不平等和信任危机等等过节，与家族结下恩怨情仇，米开朗基罗是其中非常有代表性的一位。

圣洛伦佐教堂的历史可以追溯到公元4世纪。1418年，经佛罗伦萨执政官批准，圣洛伦佐教堂开启重建，城中富有的银行家乔万尼·迪·比斯·德·梅迪奇（Giovanni di Bicci de 'Medici）是重建工程的主要赞助人之一。1429年乔万尼去世后工程进展变得不顺利，直到1429年在他的儿子科西莫·德·梅迪奇（Cosimo de 'Medici）支持下，工程才又继续推进。1464年，科西莫去世，被安葬在教堂的地下墓室，从此梅迪奇家族形成一个传统，之后去世的家族成员都安葬在圣洛伦佐教堂，只有个别例外。

圣洛伦佐教堂正式成为梅迪奇家庙始于教皇利奥十世，他是来自梅迪奇家族的第一位教皇。在1513年登基不久，他就多次向米开朗基罗提出关于圣洛伦佐教堂暨梅迪奇家庙工程，而当时米开朗基罗刚刚签订了合同，承诺用17年时间为前任教皇朱利奥二世修建规模庞大的陵墓。利奥十世最喜爱的大师是拉斐尔，但是他也认可米开朗基罗的才华，欣赏他不久前在西斯廷完成的旷世杰作《创世纪》，不愿意他将才华耗费在颂扬前任教皇的工程上，决意要让米开朗基罗为自己所用。有历史学家认为米开朗基罗最终应允梅迪奇家庙工程，多半还是因为嫉妒拉斐尔担纲梵蒂冈圣彼得教堂工程，因为好胜心。1518年1月19日，米开朗基罗与教皇利奥十世签订合约，承诺用8年的时间完成梅迪奇家庙工程。他完成了圣洛伦佐教堂正立面的设计，但是石材却出了大问题，他不辞辛苦去采石场挑选石材，梅迪奇家族却因为他没有选家族所属采石场的石料而指责他受贿，还联手船主及海运工阻止运输，最后千辛万苦运到佛罗伦萨又发现巨柱石材原料遭折断损毁。米开朗基罗备受打击，但是性格令他一意孤行，在没有向任何人寻求慰藉的情况下回到采石场，坚持要将所需原料全部运抵佛罗伦萨才开始动工。利奥十世却等不及，眼见工程迟滞，他在1520年3月终止了与米开朗基罗的合约，从那时起，圣洛伦佐教堂的正立面就一直保持着未完成的样貌。

米开朗基罗因此心身遭到重创，陷入事业低谷。利奥十世于1521年去世，继任的阿德里安六世教皇在位仅两年，1523年新当选的克雷芒七世是来自梅迪奇家族的第二位教皇，登基之后，他对米开朗基罗表现出异乎寻常的关心和爱护，1523年11月，克雷芒七世再次将圣洛伦佐教堂的工程委托给米开朗基罗，内容包括梅迪奇礼拜堂和圣洛伦佐图书馆。开始时工程还算顺利，但不久朱利奥二世的后人来找米开朗基罗理论他放弃朱利奥二世陵墓工程事宜，扬言要起诉他。米开朗基罗心有自责，内心极度纠结，

从未完工的圣洛伦佐教堂正立面

甚至向克雷芒七世教皇写信请求准许他全身心回到朱利奥二世陵墓工程去。克雷芒七世不准，要他继续为梅迪奇家庙工作，然而梅迪奇家族成员对米开朗基罗则没有那么尊重，令他在工作中举步维艰，当1527年发生罗马大政变时，米开朗基罗连一件作品也没有完成。1530年年底，罗马大政变结束，经历3年政治风云之后的米开朗基罗别无选择地回到梅迪奇家庙工程，此后两年内他完成了梅迪奇礼拜堂新圣器室内的7座雕像，为后人留下旷世奇作，但是作为整体工程却始终没能完成。1534年9月，克雷芒七世去世，他的侄子亚历山大·德·梅迪奇大公当时主政佛罗伦萨，一向仇视米开朗基罗，碍于克雷芒七世教皇的保护才没有下手，米开朗基罗对此非常清楚，一听到克雷芒七世去世的消息，他立即从佛罗伦萨城外居所出走前往罗马，从此再也没有回来。他为梅迪奇家庙制作的7座雕像直到1555年才由科西莫一世命另外两位雕塑家巴尔托罗梅奥·阿曼纳蒂（Bartolomeo Ammannati）和乔治欧·瓦萨里（Giorgio Vasari）按照米开朗基罗的设计图整理归位，也就是如今人们看到的梅迪奇礼拜堂新圣器室。

由于梅迪奇家庙不允许参观者拍照，以下内容只有文字，没有图片。对于热爱米开朗基罗的人来说，圣洛伦佐教堂梅迪奇礼拜堂的新圣器室是来到佛罗伦萨必须拜访的圣地。称它为"新圣器室"是因为此前在圣洛伦佐教堂内已经建有一个圣器室。新圣器室里是两座梅迪奇家族成员的墓，也是当初米开朗基罗受命建造的四座陵墓中的两座，而剩余的都没有付诸实施。室内有三座独立的雕像，只有居中的一件《圣母与圣子像》是米开朗基罗的作品。在它们的两侧分别是梅迪奇家族成员的陵墓，右边的这座墓是乌尔比诺公爵洛伦佐·迪·皮耶罗·德·梅迪奇（Lorenzo di Piero de' Medici）之墓，中间是他的戎装坐像，做沉思状，下方石棺两侧是半卧的人物像，左边的男性像是《暮》，右边的女性像是《晨》；在乌尔比诺公爵墓的对面是内穆尔公爵朱利亚诺·迪·洛伦佐·德·梅迪奇（Giuliano di Lorenzo de' Medici）之墓，上方是朱利亚诺坐像，下方石棺两侧半卧人物像，左边的女性像是《夜》，右边的男性像是《昼》。新圣器室对公众开放，但严格禁止拍照。这样也好，可以安静地与《夜》《暮》《晨》《昼》共处一室。"熟悉而又陌生"用在这里再恰当不过了，熟悉的是它们的影像，陌生的是它们的体量和位置，访客可以如此近距离地靠近塑像与真人等身的躯体，仿佛看得见它们胸口的起伏，感觉得到它们的呼吸，也看得见皮肤下血管的青红，而它们的眼神大都低垂无力，只有《昼》目光如炬，洞穿人心。这样的作品是无法脱开历史背景去欣赏的，如果只为得见光滑的肌肤和写真的身躯，大可不必路迢迢到此一游。历史的真实时常让人纠结，有时候是因为现状与史书记载总有那么多的出入，有时候是因为历史故事的曲折多变总是超出人们的想象，米开朗基罗与梅迪奇家庙的关系就是这种纠结的写照，这样一位大师，如果他不是生活在崎岖之中，能心情愉悦地留下多少更美妙的作品？而历史老人却问：他要不是命运多舛，会有机会创造哪怕一件动人心魄的作品吗？这就是历史，奔流向前，人们只可以为思索而暂停脚步，却没有机会看见"如果"。

　　如今的梅迪奇礼拜堂是佛罗伦萨市立博物馆的一部分，在圣洛伦佐教堂后面设有入口处，除了米开朗基罗的新圣器室，另一部分是王子礼拜堂（Cappella dei Principi），由科西莫一世动议建造，总共有约50位梅迪奇家族成员安息于此。

　　安娜·玛丽亚·路易萨·德·美第奇（Anna Maria Luisa de'Medici）是托斯卡纳大公爵科西莫三世·德·梅迪奇（Cosimo

III de'Medici）的女儿，同时也是法王路易十三的外甥女。虽然她的父亲曾经在1713年修改托斯卡纳继承法，以准许女儿成为继承人，但是并未得到欧洲各国的认同。在丈夫去世后，安娜·玛丽亚于1717年只身返回佛罗伦萨，居住在梅迪奇家族的皮提宫内直到1743年去世。作为梅迪奇家族最后一位直系后裔，安娜·玛丽亚签署遗嘱，将梅迪奇家族近三个世纪的收藏品全部留给佛罗伦萨。科西莫一世在1560年决定建造的办公楼（Uffizi）在1581年才完全建成，虽然当时乌菲兹的主要功能是办公楼，从那时起就有关于梅迪奇家族收藏在乌菲兹陈列的记录，但画廊并不对外开放，提交书面申请参观的人都要经过严格筛选，只有极少数幸运者曾获准进入参观，并受到礼遇。根据安娜·玛丽亚的遗嘱，乌菲兹被选定改造为收藏和陈列梅迪奇家族收藏品的主要博物馆。1765年，乌菲兹美术馆向公众开放，实现了安娜·玛丽亚的遗愿，它丰富的收藏数百年来吸引着世界各地人们前往佛罗伦萨，为佛罗伦萨的持续繁荣留下伏笔。

安娜·玛丽亚·路易萨·德·美第奇像，圣洛伦佐教堂后院

乌菲兹美术馆

　　时至近午，现在我们要回头往南，去乌菲兹美术馆（Galleria degli Uffizi），步行约1千米，15分钟就能走到，不过路上可以找个餐厅稍作停留，一份面或比萨加一杯咖啡，快的话最多20分钟就可以搞定。想要参观乌菲兹美术馆一定要提前在网上预订参观门票，否则就算到了门口也基本上没有机会进去，因为乌菲兹美术馆

实在是一座圣殿，世界各地的人们争相前往，令展馆不堪重负，严格的预约制实属馆方无奈之举。

乌菲兹美术馆的馆舍是1581年建成的办公楼，呈"U"字形，两竖分别为西翼和东翼两座长条形楼，中间短横是阿诺河畔连接东西两翼的连廊。1565年，梅迪奇家族的皮提宫（Palazzo Pitti）在阿诺河对岸建成，托斯卡纳大公国公爵科西莫一世将寝宫迁入皮提宫，横跨阿诺河的维奇奥桥（Ponte Vecchio）便成为连接皮提宫和旧宫之间的必经之路。这座桥有顶盖，但不是简单的廊桥，顶部是一条封闭长廊，长廊两端与桥面之间分别另有3层建筑，这条长廊就著名的瓦萨里走廊（Corridoio Vasariano）的一部分。当时桥上的其余建筑是肉铺，科西莫一世嫌异味过重，下令将肉铺迁出，空出的店铺迅速被金匠店填补，日后逐步吸引了一批颇有影响力的艺术品经纪商，艺术品、古董和首饰店汇聚于此，如今也是游人如织的去处。为了长子弗朗西斯科一世·梅迪奇迎娶奥地利公主乔安娜·冯·哈布斯堡的婚礼，科西莫一世要求建筑师瓦萨里设计建造了一条专用通道，从皮提宫波波利（Boboli）花园开始，一路绕行

阿诺河上的维奇奥桥

抵达维奇奥桥南侧，通过桥顶部长廊跨越阿诺河，经过河边的一段廊桥从乌菲兹西翼南端进入东西两翼临河连廊，再穿过整个东翼向北，通过一座单跨小桥进入旧宫，这就是科西莫一世及家人和重臣的专用通道，被后人称为瓦萨里走廊。既然乌菲兹东翼北端与旧宫相连，那西翼北端呢？其实西翼北端恰好与早年存在的兰茨廊相接，由此可知乌菲兹的"U"字形开口正是在执政广场上。

由于空间有限，梅迪奇家族藏品中的雕塑品大都转往巴杰罗国家博物馆（Museo Nazionale del Bargello）收藏，目前乌菲兹美术馆的收藏以绘画为主。和其他由古老建筑改建的博物馆一样，乌菲兹美术馆馆舍也属于建筑文物，东西两翼走廊天花板上精美的壁画就是一例。有资料说，乌菲兹的总设计师乔治欧·瓦萨里（Giorgio Vasari）在其著作《艺术家的生涯》中写道：达·芬奇、米开朗基罗等艺术家们齐聚乌菲兹，一边工作，一边享受创造美的愉悦。如果瓦萨里真的写过这样的文字，显然与史实不符，米开朗基罗早在1534年逃离佛罗伦萨，之后再也没有回来，不可能参与乌菲兹的工程，以他的个性，也很难有"享受创造美的愉悦"之情，如果说他们的作品齐聚乌菲兹倒是不错的。

乌菲兹美术馆的展厅基本上都在二楼，东西两翼结构类似，都是由一条大走廊串接多个展厅，走廊内陈列有一些雕塑作品。入口在东翼北端二楼，展厅按年代和作者安排顺序，可依次参观。东翼主要汇集了13—16世纪的绘画作品，耳熟能详的波提切利、达·芬奇、丢勒等的作品都在东翼。走到尽头是东西翼连廊，从这里向窗外望去，维奇奥桥近在咫尺。跨过连廊进入西翼，这里陈列的是16—18世纪的绘画作品，米开朗基罗、拉斐尔、提香、伦勃朗、鲁本斯、戈雅等的作品都在这里。

需要说明的是乌菲兹美术馆不允许参观者拍照，以下内容只有文字，没有图片，特此说明。

广义的欧洲中世纪从公元467年至1453年，有将近1000年的历史。乌菲兹美术馆收藏的13—15世纪的作品颇丰，是同类博物馆中的佼佼者。作品折射出中世纪最后几百年政治和宗教的影响，也让人们对中世纪后期的"现代时期"（Modern Age）有了些直观感受。

乌菲兹美术馆收藏的13世纪木版蛋彩画作品大都来自于教堂，尽管历史文献中有过教堂绘画作者名字的记录，但是许多作品本身没有作者签名，馆方多方努力也很难确切考证，因此在乌菲兹的收藏中有不少无名作者的作品。这大约与那个时期画师的身份定位有关，他们虽然技艺精湛，有颇具规模的工作室，收费也不低廉，但是大抵还是以"匠人"身份为教堂工程工作，相当于现在承揽内装修的专业团队，因此没有人当他们是艺术家，他们自己可能也没有这样的意识。这种状态反映到作品中，就是纯熟的装饰技艺伴随个性的泯灭。以今人的观点来看，他们的作品有明显的时代特征，强烈的拜占庭风格带着东方印记。博物馆中标注作者为"十字架大师·434"的作品《耶稣蒙难八记》据信是1240年的作品，作者可能是一位佛罗伦萨周边地区的画师。作品强调叙事而弱于揭示内心，注重形式而忽略写实，重在宣叙而不涉及真情实感。这不完全是美术范畴的问题，应该考虑到当时受众所处的宗教氛围和教会的影响力，对于信徒，教堂需要的就是这种简单直白的绘画语言。

乔万尼·契马布埃(Giovanni Cimabue，1240—1302年)和杜乔·迪·波尼赛尼亚（Duccio di Buoninsegna，约1255—约1318年）是两位13世纪末有明确署名的画师，和13世纪中叶画师的作品相比，他们虽然都还保留着中世纪绘画中比较明显的拜占庭之风，但是人物面部的明暗和衣纹开始运用透视原理，令人物的情态变得生动起来。过去人们一谈到中世纪，总是不自觉地要冠以"黑暗"二字，仿佛文艺复兴运动是从中世纪黑暗的污泥中忽然崛起的光明。有研究表明事实并非如此，事物的发展总有起承转合的关系。两位画师在同名作品《圣母子与天使》中，色彩的应用透露出文艺复兴初期的那种明亮，虽然被厚重的金色有所遮盖，还是往前迈出了一大步。

更年轻一些的乔托·迪·邦多纳（Giotto di Bondone，约1267—1337年）据说是乔万尼·契马布埃的学生，他就是前面提到过的"乔托钟楼"的设计师。他在1310年绘制的《圣母登基》从形式上与两位前辈的作品非常类似，但是出现了重大变化，首先是圣母的宝座呈哥特式，不再有拜占庭风格的影子，其次是人物和背景的三维透视关系更加清晰和写实，连大理石地面细微的颜色变化都很明确，最重要的是人物情态不只是生动，而且变得有情绪表达，尤其是两边侧立者，每个人的表情和眼神都有各自内心的语言。因此有人认为可以称乔托为文艺复兴画派的开创者、第一人。当然就人文历史而言，对一个人做如此定义和划分阶段没有实在的意义，客观地说，乔托的作品印证了一个事实，就是文艺复兴是从中世纪的土壤上逐步生长起来的，它是一场革命，带来清新之风，在宗教政治长期占统治地位的背景下，让人文精神获得了同等重要的地位，但是这是一场蜕变式的革命，不是彻底除旧布新的革命。

乔托带着我们进入了14世纪，他的出现真的意味着文艺复兴运动风起云涌了吗？现实远非如此，在他之后的画家没有那么快。在乌菲兹美术馆第3~6号馆陈列了一批14世纪中晚期和15世纪早期的绘画作品，看上去像一个停顿时代的产物，拜占庭风、哥特风依旧，立体透视关系的表现也有，生动的情态也有，只是全都混杂在一起，在后人看来是不可理喻的混乱，而对当年的画家们自身而言是迷茫，例如他们中有一位阿格诺罗·加迪（Agnolo Gaddi，1350—1396年），乔托的学生，被认为是佛罗伦萨画派最后一位有影响的画家，他在1390—1396年间的作品《耶稣蒙难》并没有承袭和发展乔托的创新，是为"停顿"的例证。有史学家认为这一停顿与14世纪欧洲黑死病暴发有关，在大约100多年的时间，人们基本上没有更多精力关注艺术，直到15世纪中叶瘟疫得到控制，才迎来文艺复兴运动蓬勃发展的时代。

从乌菲兹美术馆第7号馆开始，文艺复兴运动从曙光到灿烂，作品一一呈现，画师们渐渐摆脱匠人的气息，蜕变为有独立思想的艺术家。我们先介绍修道士菲利波·里皮（Filippo Lippi，1406–1469年），看他的画，你可能想不到他是个天性不羁的人。他幼年时父母双亡，由姨妈抚养，16岁进修道院，19岁做了牧师，没事的时候喜欢在书上涂鸦，因此修道院送他去学画，学成之后，他辗转于各教堂为礼拜堂作画，同时也非常受梅迪奇家族的青睐。一生中做得最出格的事，是在50岁时爱上了佛罗伦萨名门之女卢克蕾琪雅·布提（Lucrezia Buti），当时他在普拉托（Prato）为圣玛格丽特修道院作画，卢克蕾琪雅是修道院院长的年轻助手，也有说是被托付给嬷嬷监护的少女。菲利波请求卢克蕾琪雅为他做圣母像的模特，进而俘获芳心，最后将卢克蕾琪雅从修道院带回自己家中，任凭嬷嬷如何请求也不放人，卢克蕾琪雅为他生下两个儿子，其中一个是菲利皮诺·里皮（Filippino Lippi，1457—1504年），绘画天分不亚于父亲的一位文艺复兴画家。对于菲利波·里皮的修士身份而言，这是极为出格的事情，还惊动了教皇。

科西莫一世·德·梅迪奇对菲利波倒是极为宽容，对于他时常招惹麻烦也习以为常，说菲利波·里皮是一位有自然天性的艺术家，他的作品是上帝赐予的无价之宝。菲利波·里皮有自己的工作室，波提切利少年时曾经来画室随他学画，他的儿子菲利皮诺·里皮比波提切利小5岁，从小在画室长大，耳濡目染，后来和波提切利一起作为菲利波的助手在工作室工作。1466年，菲利波前往斯波莱托（Spoleto），为那里的圣玛利亚天主堂绘制壁画《圣母生平》，画还没完成，菲利波·里皮于1469年8月身亡，传闻说他是被毒死的，可能是卢克蕾琪雅的亲戚所为，也可能是别的女人，也有资料说教皇此前已经决定赦免他，但他死在了赦免令到达之前。艺术家都是上帝派往人间的，不是天使就是魔鬼，而菲利波·里皮则是个精灵，从行为做派到为人处世，他都与匠人无异，然而作品却像是出于另一个心灵驱动的笔，那样干净纯洁，不夹杂一丝谄媚，他笔下的忧伤、恬静或欢快都不浮在表面，而是人物内心的流露，他从来不用夸张的体态去表现情绪，让人物拥有高雅、淡定和真诚的气韵。稍后我们会看到神话题材的文艺复兴作品，在脱离宗教题材之后，创作空间确实更为开阔。菲利波·里皮在宗教题材应用文艺复兴运动初期的新理念非常不易，不羁的外表下深藏着的是一颗纯净的艺术之心，我只能这样说服自己了。

菲利波·里皮1466年离开佛罗伦萨去往斯波莱托，21岁的波提切利离开了菲利波工作室，转而师从画家、雕塑家安德烈·德尔·委罗基奥（Andrea del Verrocchio，约1435—1488年），这位艺术家也是达·芬奇的老师。乌菲兹美术馆第15号馆陈列着一幅委罗基奥与达·芬奇合作的作品《耶稣受洗》，根据现代艺术品修复专家的研究发现，这幅画是蛋彩与油彩混合作品，绘制的时间为1470—1475年，部分油彩覆盖在蛋彩之上，故而推断开始时是委罗基奥用蛋彩起稿，后来由达·芬奇使用油彩完成。画面中的耶稣和天使用油彩绘制，背景则是油彩覆盖在蛋彩上重新绘制，耶稣的形象令人想起达·芬奇《岩间圣母》（伦敦英国国家美术馆藏），而柔曼的背景与《蒙娜丽莎》（巴黎卢浮宫藏）的背景如出一辙，这些都是最具达·芬奇个人风格的元素；画面中景的树和山石非常硬朗，与柔曼的背景差别很大，画中圣洗者约翰的处理方法也与耶稣相去甚远，明显不是出于同一人。还有学者怀疑画面中左侧的两位天使并非达·芬奇作画，从风格上推断是出于波提切利之手。希望这些研究结果都是事实，尽管这幅画中有这么多不同时期、不同绘画材料和不同绘画特征，但是它们都统一在文艺复兴运动的绘画理念之下，成为文艺复兴绘画由初期向成熟期过渡中难得的样本。

现在我们进入乌菲兹美术馆的10～14号馆，这里有20幅作品，其中15幅是桑德罗·波提切利（Sandro Botticelli，1445—1510年）的作品。波提切利从1470年起开立自己的工作室，绘画题材从宗教拓展至神话，迎合了上流社会的陈设需求，并得到梅迪奇家族的钟爱，他一生中最重要的两幅代表作都为梅迪奇家族绘制，如今也都在这间展室内，一幅是《春》（1481–1482年绘制），一幅是《维纳斯的诞生》（1484年绘制）。《春》的灵感来自同时代诗人波利齐亚诺关于维纳斯的长诗，《维纳斯的诞生》源自古希腊神话，两幅画都曾装饰在佛罗伦萨的梅迪奇别墅内。题材的变化让绘画从以教堂装饰为主变成世俗生活中表达人文情怀的工具，文艺复兴运动中人文精神的弘扬有了合适的土壤。这间展室无疑是乌菲兹美术馆中最令人流连忘返的地方之一，在《春》的前面尽量多待一会儿只会让你无限释怀；将这里波提切利的作品全部细细看过，他的风格就会深印在脑海，日后无论在哪个博物馆，都能一眼认出他的作品。这种印象非常重要，是我们构建心目中文艺复兴绘画整体形象的一块基石。从远处看波提切利的画，人物和景致有曼妙的漂浮感，与中世纪刻板的曲线完全不同，他也爱使用清晰的轮廓线，令画面有白描填彩的效果，让人物有浓妆样的面容，就在你的目光被吸引时也会发现，在透视感非常一致的画面中，许多人物头部姿态和明暗效果有些许异样，仿佛出现了另一个视点和另一束神秘的光源，我们由此再次相信技巧只是表达思想的工具，与其说是作画，不如说是用画笔直抒胸臆。此时的波提切利已经不再是技艺纯熟的工匠，而是具有独立思想、善于沟通和勇于表达人文精神的艺术家。回到《春》，有个小细节，画中左边有一位的小腿上有个凹痕，以前在印刷品上看到时以为是画上去，面对原作会发现那是一条撞击造成的伤痕，具体位置还是大家自己去找吧。如今很难想象这样一幅美丽的作品怎么会被撞，但是要知道，在当年那时，画是厅堂的装饰，是日常生活环境的一部分，偶尔受伤在所难免。当它从居所走入画廊，换了环境，视觉随之更换，观者的心境也完全不一样。我们再也看不到在梅迪奇别墅中《春》是如何融入厅堂，当它在博物馆倨傲地占据一整面墙，谁又能说它的美没有被打了折扣？波提切利在1510年去世，最后近20年的作品非常少，这是因为佛罗伦萨大公洛伦佐·德·梅迪奇（Lorenzo de' Medici）在1492年去世后，政坛发生巨变，梅迪奇家族失去了佛罗伦萨的控制权，直到1512年才恢复。波提切利站错了队，被世人耻笑，进而落魄潦倒，在贫困中离世。历史本不是用来悲叹唏嘘的，不在当世，任何评说都枉然，谁也无法超然物外，只可静思自省。

下面让我们向列奥纳多·达·芬奇（Leonardo di ser Piero da Vinci，1452—1519年）致敬。这位博学的跨界奇才并不只是一位画家，而乌菲兹美术馆也不是收藏达·芬奇绘画作品最全的地方，然而他留给这座城市的却是别处少见的早期作品。他成长于佛罗伦萨，天才禀赋最早显露于绘画，14岁时跟随委罗基奥学习，他在前面介绍的那幅《耶稣受洗》中所展露的才华让委罗基奥决定封笔，并不是因为学生超越了自己羞愧所致，而是心怀喜悦看见一颗新星从自己手中升起，这是何等的荣耀。乌菲兹美术馆15号馆陈列的《天使报喜》是达·芬奇20岁时的作品，描绘了天使加百列告知贞女玛利亚她将受胎生子耶稣的场景。如果说《耶稣受洗》还留着过渡的痕迹，那么《天使报喜》已经呈现了达·芬奇自己的风格，他将圣经故事置于写实的场景中，从远山、城池、河湖、近树，到绿地花草、房屋、石几和人物，都处在近乎严格的单点透视关系之下，即使这不是第一幅，至少也是开先河作品之一。这毫不奇怪，在达·芬奇身上所显现的奇迹可以归结为他认知世界科学观的养成，如果见过他那一批医学生理解剖图文手稿，你就会明白他是一以贯之的思想家，生命中每一段历程都在不断探索未知世界，绘画只是他阐述思想的工具之一。《天使报喜》表达了一位天才在青年时代对客观世界的认知和再现，说它对文艺复兴运动意义重大毫不为过。

菲利波的儿子菲利皮诺·利皮（Filippino Lippi，1457—1504年)比达·芬奇小5岁，他赶上了一个好时代，作为后世公认的文艺复兴早期画家，他的作品在乌菲兹美术馆也占有一席之地，馆方可能是为了强调父子关系，将他的作品与其父亲菲利波的集中在8号馆展出，但事实上两代人的风格差别很大，参观的时候只要小心分辨，还是有助于看到文艺复兴初期风格的演变。

乌菲兹美术馆20号馆被命名为"丢勒"，集中展出了16世纪初的作品，德国画家阿尔布雷希特·丢勒（Albrecht Dürer，1471—1528年）出生在纽伦堡，一生中曾两次游学意大利，对于文艺复兴运动在欧洲的扩展有很大贡献。不仅是丢勒，在20号馆展出的都是德国文艺复兴画家的作品，他们的画既不是所谓德国的，也不是意大利的，而是文艺复兴的。

现在要穿过东西两翼连廊来到乌菲兹美术馆的西翼，前两间展室是25和26号馆，分别展出米开朗基罗（Michelangelo，1475—1564年）及佛罗伦萨画派作品和拉斐尔·圣齐奥（Raffaello Sanzio，1483—1520年）及部分同时代画家的作品。米开朗基罗和拉斐尔与前辈达·芬奇并称文艺复兴三杰，乌菲兹美术馆虽然无法收尽他们的所有代表作，但终归令人期待。在西斯廷教堂已经见到过米开朗基罗的《创世纪》和《最后的审判》，然而要知道他的绘画以壁画居多，单幅的、可移动悬挂的作品非常少，乌菲兹美术馆也仅有1幅，就是第25号馆内的《圣家庭和圣洗者约翰》，通常只有专业文物修复工作者有机会如此近距离观看米开朗基罗的作品，对热爱他的公众而言，乌菲兹当然是一处福地。1505年4月，时任教皇朱利奥二世招米开朗基罗去罗马，要他为自己建一座巨大陵墓，当米开朗基罗在年底千辛万苦地将所需巨量石材运到罗马时，朱利奥二世突然改了主意，在1506年年初取消建陵计划，转而将精力集中到重建梵蒂冈圣彼得大教堂的工程上。米开朗基罗因此与朱利奥二世意见不合以致失宠，以出走佛罗伦萨相抗争，半路被教皇派来的使者截停，米开朗基罗拒不接受朱利奥二世要他回罗马的命令，坚持要以教皇允许继续陵墓工程为条件，头也不回地返回了佛罗伦萨，此举惹来朱利奥二世震怒，通过佛罗伦萨当局向米开朗基罗施压。同年11月，朱利奥二世率军攻陷博洛尼亚，米开朗基罗前往那里被教皇随员认出，引到教皇住处，米开朗基罗跪下请求教皇宽恕，几经周折方和解，米开朗基罗自然不敢再提建陵的事，朱利奥二世却又给他出难题，要米开朗基罗在博洛尼亚为他建造铜像，这完全不是米开朗基罗的长项，但他也只能接受，在经历重大失败之后于1508年年初完成了这项工程,他却因劳累过度健康受到严重损害,屈辱的境遇更令他心力交瘁。未及疗伤,朱利奥二世又令他回罗马,将西斯廷教堂穹顶壁画的工作交付于他,看似重又得宠,实为教皇对他才华的无尽索取,米开朗基罗对此心知肚明,几番婉拒也没能改变教皇的决心,在1508年5月爬上西斯廷高大阴冷的脚手架,开始了他生命中最不堪的岁月,给世界留下珍贵遗产《创世纪》。乌菲兹收藏的《圣家庭和圣洗者约翰》作于1506—1508年,正是他逃离罗马回到佛罗伦萨期间,是佛罗伦萨富商阿尼奥洛·多尼(Agnolo Doni)定制的作品,这幅画代表了文艺复兴绘画的精髓,仿佛是《创世纪》的前奏,如果不知道米开朗基罗当时的境遇,单从作品上看不出他当时正处于人生低谷。伟大艺术家的精神世界都有一方洁净圣土,可以令他们置宠辱于度外,无论强权或奸佞,都无法战胜他们对艺术的处子之心,口中的抱怨或行为的抗争不过是一种宣泄,画布上留下的永远是至纯至美的精神表达,这是艺术家与匠人的分水岭。

尽管和米开朗基罗相比拉斐尔的单幅作品比较多,但是他的主要成就还是以教堂壁画为主,比如梵蒂冈的"拉斐尔室"。在文艺复兴三杰中,他是生命最短暂的一位,逝世时年仅37岁。拉斐尔的父亲是职业画师,少年时父母双亡,后学画,17岁出师,21岁移居佛罗伦萨,才华显露并得到认可,25岁移居罗马,26岁获朱利奥二世教皇邀请绘制壁画,并有多幅肖像画问世。他是一位友善、温和、举止得体的画家,达官贵人乐于向他订制肖像,他也来者不拒,很快成为上流社会的宠儿。朱利奥二世去世后,继任教皇利奥十世对他"宠爱"更甚,1314年因时任圣彼得大教堂工程总监布拉芒特去世,他被教皇临时任命接替该职位,年仅31岁。有人说拉斐尔一生事业顺利,总有贵人相助,是难得的温室里的奇葩,真实历史恐怕并不如此。少年失怙无疑给了他改变命运的动力，用彬彬有礼的面具掩盖不甘为人下的梦想，他知道绘画是实现理想的最好途径，为此他在移居佛罗伦萨期间潜心研习达·芬奇和米开朗基罗，敏感地认识到文艺复兴运动中人文精神的重要性并付诸画艺，他不像达·芬奇那样涉猎过宽，也不像米开朗基罗那样倨傲，两位大师给他留下足够的空间，使得他有机会以近乎谦卑的姿态接近上层社会，不能不说是用了心机的。利奥十世教皇将一顶红衣主教帽赐予他，又亲自做媒让他与一位红衣主教的侄女订了婚，让他看到了自己未来也成为红衣主教团一员的希望。然而，要知道拉斐尔在生活中有许多女性主动投怀送抱，不但有名的情人无数，而且还有一位来自锡耶纳化名玛格丽塔·吕迪（Margherita Luti）的挚爱情人，始终不离不弃。拉斐尔当然知道公开订婚的那一边是"政治正确"的路，而与玛格丽塔是"情感正确"之路，他陷入了无奈和自责，却又不得不在"政治正确"的路上继续前行，生命完结于绘制油画《变容》（又称《基督显圣》）的途中，那是红衣主教朱利奥·德·梅迪奇订制的。不幸染疾猝然离世，对拉斐尔来说或许是一种解脱，他当然不是温室里盛放的奇葩，教皇和上流社会给他的脉脉温情只是一层面纱，他们知道他要什么，所以敢于贪婪地榨取他的才华，并要他搭上尊严和健康，这就是拉斐尔真正面临的环境，在华丽而逼仄的狭缝中攀爬，良知被两侧的峭壁消磨。如果他的生命不在37岁终止，那之后的拉斐尔会变成怎样？好在历史没有"如果"，可以庆幸的是作为艺术家的拉斐尔，一旦进入创作就能够变得纯粹，他的画总是带着那份不变的纯真，从不炫技，也从不轻慢。相信他心中有一座人文精神圣殿，一生都在追求，他只是幻想能够兼得精神与物质的富有，那些讨好权贵的举动令他心中的另一个自己所不耻，所以他才会在订婚后消失了几天。创作中的他至纯至善，更接近理想中的自己，像个孩童般无邪。

就在三杰将文艺复兴运动推至顶峰的同时，威尼斯画派悄然诞生，成为文艺复兴运动中的另一支主流，进而在三杰之后延续了文艺复兴晚期的辉煌，这个画派的创立者是威尼斯的贝里尼家族，分别是父亲雅科布·贝里尼（Jacopo Bellini）、长子詹蒂利·贝里尼（Gentile Bellini）、次子乔万尼·贝里尼（Giovanni Bellini，1430—1516年）和女婿安德里亚·曼特尼亚（Andrea Mantegna）。乔万尼是他们四位中最有影响力的画家，他与三杰处于同一时代，最显著的贡献是丰富了文艺复兴风格风景画的内容，创造出色彩明朗、氛围宁静的写实主义风格，而最为后人称道的是他培养了威尼斯画派的接班人，为威尼斯画派在文艺复兴后期的发展奠定基础，其中最有代表性的人物是提香（Titian，本名提齐安诺·维伽略，Tiziano Vecellio，1490—1576年）。

人们总说最后一位文艺复兴画家是提香，乌菲兹美术馆第28号馆以他的名字命名，收藏有10幅他的作品。提香少时在威尼斯学画，在威尼斯发展事业，直至终老于此，从他的履历中找不到任何与佛罗伦萨有关的经历，也找不到他年轻时与文艺复兴三杰交往的记录，他对文艺复兴人文精神的传承和发展主要得益于文艺复兴运动本身巨大的影响力和乔万尼的影响。和三杰相比，提香比较坚守自身的独立性，并没有轻易地进入宫廷成为侍奉权贵的精神奴仆，但这也没有妨碍他成为上流社会的宠儿，订单不断，酬金颇丰，受人仰慕。他的作品和三杰时代相比确实有很大不同，例如在神话人物题材的绘画中加入自己构思的情节，令作品耐人寻味，如《乌尔比诺的维纳斯》，后景中的红衣妇人与白衣女仆都不是神话故事中固有的定式；他在肖像画中也更注重内心的表达，人物不再那么刻板，同样的不苟言笑，人物的眼神也不只是凝望或茫然；他在构图上的探索尤为后世称道，如女性肖像《弗洛拉》，打破了呆板的构图方式，呈现清新自然的风貌，场景类作品中人物与风景的关系变得更加多变，基本上脱离了对前人的模仿；提香在色彩使用上也与前辈有很大不同，在三杰时代，清丽明亮的色彩一扫之前的浓重晦涩之气，成为文艺复兴绘画的经典，提香在此基础上丰富了色彩的层次、协调和对比，光影效果更接近写实。提香因为这些特质成为美术史上里程碑式的人物，对之后的画家产生过重要影响，即使在今天，仍然不失其重要性。

至此我们基本上看完了乌菲兹美术馆13—16世纪的作品。和其他国际一流博物馆放在一起，乌菲兹美术馆在这个时段上的收藏是佼佼者。这里当然也有不少17—18世纪的作品，时间允许的话最好不要错过，比较重要的收藏有：《自画像》，鲁本斯（Pieter Paul Rubens，1577—1640年），1628年作品，41号馆；《西班牙国王菲利普四世骑马像（临摹自鲁本斯）》，委拉斯开兹（Diego Velázquez，1599—1660年）和助手，1645年作品，41号馆；《青年形象的自画像》，伦勃朗（Rembrandt，1606—1669年），1634年作品，44号馆；《着土耳其装的法国女子玛丽·阿德莱德肖像》，让-伊田·利奥塔德（Jean-Étienne Liotard，1702—1789年），1753年作品，45号馆；《玛丽亚·特雷莎伯爵夫人肖像》，戈雅（Francisco Goya），1798年作品，45号馆；《青年巴库斯》，巴洛克画派卡拉瓦乔（Michelangelo Merisi da Caravaggio，1571—1610年），1598年作品，一层新展室。

乌菲兹美术馆的参观到此结束，离开前可以去出口处的书店看看，买一本馆藏画册或许是个不错的选择。

圣十字广场·圣十字教堂

离开乌菲兹，步行向东约600米，是圣十字广场（Piazza Santa Croce），佛罗伦萨圣十字教堂（Basilica di Santa Croce）就在这里，始建于1294年，到1443年才初步竣工交付使用，历时近150年，1842年增建了教堂后部钟塔。因为雷击损毁教堂立面，1857-1863年重建了新的立面，浅色条块的装饰风格与主教座堂很接近，同属新哥特风格，华丽的门面与教堂后方的朴素风格形成极大反差。正立面的左边有一尊但丁塑像。

圣十字教堂是一座方济各会专属教堂，同时也是全世界最大的方济各会教堂，为标准的托斯卡纳哥特式建筑，很多人来这里是因为教堂里有诸多名人墓龛，其中有但丁（他真实墓地在拉文纳）、米开朗基罗、近代科学之父伽利略（Galileo Galilei）、褒贬参半的政治理论家马基雅维里（Macchiavelli）、写了《塞维利亚理发师》等39部歌剧的作曲家罗西尼（Gioacchino Rossini）、剧作家兼诗人维托里奥·阿尔菲里（Vittorio Alfieri）等，有些墓龛本身就是艺术大师的作品，如米开朗基罗墓龛由瓦萨里及其他雕塑家共同完成。除此之外，教堂内还拥有各个历史时期的壁画和雕塑等艺术品，16座小礼拜

佛罗伦萨圣十字教堂

堂内就有一批乔托和学生们绘制的壁画。有个问题，1523年，克雷芒七世教皇将梅迪奇家庙工程再次委托给米开朗基罗时，还曾建议他加入方济各教派，被米开朗基罗拒绝了，如今他的墓地偏偏就在这座方济各会专属教堂，有些诡异，也许这个事实的背后还有一大篇有关方济各会的文章，看来历史里面真的有很多不解之谜。

参观完圣十字教堂，佛罗伦萨一天的游览也将结束。圣十字广场附近有不少餐厅可供选择，当然基本上都是意大利餐，带着韧劲儿的面包配橄榄油和果醋是店家免费提供的，在主菜上来之前配合新鲜的沙拉特别适合此刻的辘辘饥肠，美味的意粉和香气扑鼻的比萨任选，最后来一份绵软的甜点，给一天满满的行程画个句号。沿着阿诺河走向不远处的停车场，夕阳已坠落，在天际留下美妙余晖。再见了，佛罗伦萨。

夜幕下的阿诺河畔

第六天

今天上午在托斯卡纳大区的古城锡耶纳（Siena）游览，下午去附近的小镇圣吉米纳诺（San Gimignano）。

佛罗伦萨所在的托斯卡纳大区是个诱人的地方。喜欢政治历史的人，不仅可以在这里见到梅迪奇家族兴衰的遗迹，也能感受到发端于此的政治家、哲学家对整个世界的影响；热爱人文历史的人能亲眼目睹文艺复兴以来丰富的文化遗产，也能体会到一批科学家、艺术家、建筑学家对近现代文明和科学的贡献；美食家在这里能发现意大利美食的奥秘，得天独厚的高纬度优势给予较长的日照，亚平宁山脉阻隔了北风，造就温和的气候环境，不仅令蔬菜瓜果清香四溢，还给橄榄油庄和葡萄酒庄提供了高品质原料。

锡耶纳的建城历史可以追溯到公元前1世纪，人类在此地区的活动则更早至公元前9世纪，但是目前的城市格局和建筑没有那么早，形成

锡耶纳古城墙

在12世纪，一圈蜿蜒曲折的城墙在那时建成，大部分至今仍保存完好。

古城墙合围的锡耶纳老城并不大，以"田野广场"（Piazza del Campo）为中心，城区向外分层渐次铺开，1995年，田野广场及周边建筑以"锡耶纳历史中心"的名义获得联合国教科文组织批准，进入世界文化遗产名录。时间允许的话可以环绕老城逐层游览，最后进入市中心田野广场。

锡耶纳田野广场

田野广场在最初是城中集市，后成为市政广场，呈坡面扇形，底部是市政厅和曼吉亚塔楼（Torre del Mangia），地势最低，弧形边缘地势最高，围绕着的都是当年的贵族府邸，现在这些楼的一层大都开辟为商店和餐厅，为来自世界各地的游客服务。广场地面用红砖铺设，分成9大块梯形，每块之间用青石分割，这些青石实际上是雨水槽，雨水会从红砖地面汇集到这些集雨槽流进市政厅前的下水道，如此设计令广场既美观又兼具高效排水能力，即使在雨天，也不太妨碍在广场上举办各种活动。

锡耶纳市政厅建于1297年，首层用石材建造，2层用红砖砌筑，正立面略微向内凹进，与扇形广场相协调。与市政厅比邻的曼吉亚塔楼高102米，建于1325—1348

锡耶纳田野广场（高鹏摄）

年，和佛罗伦萨市政广场塔楼形制类似，但是比它晚建26年，并且高出7米，这是个信号，那正是拥护罗马帝国皇帝的锡耶纳派与拥护教皇的佛罗伦萨派极为对立的时代，锡耶纳此举是要压住佛罗伦萨的风头。然而世事难料，进入16世纪，梅迪奇家族到底将锡耶纳收入自己控制的托斯卡纳大公国，政治风云就是这样在历史的遗迹中若隐若现。

锡耶纳田野广场曼吉亚塔楼

锡耶纳主教座堂

锡耶纳也有自己的主教座堂（Siena Cathedral），这是一座极为优美的建筑，1215年开始设计，1263年建成，它的正立面其实是法国哥特式与托斯卡纳罗曼式相结合的作品，上半部分是哥特风格，下半部分是罗曼风格，大理石墙面汇聚了这两种风格中最精致的设计，色彩和细节都无可挑剔，值得细细品味，顶部的三个三角形绘画装饰罕见而又精美，教堂后部的大穹顶出自贝尼尼之手。

教堂入口处的彩色大理石人物拼贴画

这座教堂的大理石拼花地面尤其为人所称道，汇聚了14—16世纪多位艺术家的心血，出于保护需要，一年中的大部分时间内这些地面都被覆盖，只留少数几个地方供来访者参观。和其他教堂类似，锡耶纳主教座堂内也有一批历代艺术品，例如米开朗基罗年轻时的作品《圣保罗像》。

离锡耶纳主教座堂不远处有个特别的地方，叫做英特罗纳蒂剧社（Accademia Degli Intronati），熟悉意大利戏剧史的人都不会忽视经典锡耶纳戏剧的重要地位，英特罗纳蒂剧社与锡耶纳戏剧密切相关，这里的墙上有很多塑像和碑记。

锡耶纳主教座堂（上）　　锡耶纳英特罗纳蒂剧社（下两图）

锡耶纳赛马节

锡耶纳赛马节（Palio）是当地的一个重大活动，有文字记载的历史已达800多年，每年的7月2日和8月16日举办两次正式比赛。锡耶纳市虽然不大，但分为17个区。分区的历史可上溯至中世纪，在与佛罗伦萨以及周边其他列强的战争中，锡耶纳曾分为多个防区，各个区内的民众分别负责后援雇佣军保卫锡耶纳城，最多时有56个区，此后军事功能逐渐消退，分区逐渐减少，到1729年时最后一次正式撤销6个区，形成如今的17个区格局。长久以来，各区形成了自身独特的社区文化，每个区有自己的中央喷泉、博物馆和洗礼堂，每个人的人生大事都可以成为区内重要的活动，从出生受洗、婚礼到葬礼，从宗教节日到美食大赛都备受重视，而一年两次的赛马节的意义自然远远超过比赛本身，早已成为各区展现社区形象和影响力的活动，成为各区争相展示自我的舞台。

每次比赛由17个区中的10个派代表队参赛，这10个队包括前一次没能参赛的7个队，再在前次参赛的10个队中抽签选出3个队参赛。虽说是赛马在7、8月，但赛前几个月各队就会通过全城大巡游造势，为赛

白鹅区在锡耶纳田野广场西边，街道上装饰的本区标志壁灯和旗帜

锡耶纳赛马会前的白鹅区大巡游

马会热身。我们旅行期间曾经碰巧赶上了一次Oca（白鹅）区的巡游会，可谓全城轰动，盛况空前。白鹅区的标志是一只带皇冠的白鹅，颈部用蓝色缎带佩戴一枚萨伏依（Savoy）十字章，主色为白色和绿色配红色剪边。白鹅区是17个区中4个有贵族头衔的"贵族区"之一，得此殊荣是因为在战争期间曾经为保卫锡耶纳共和国勇猛善战，功勋卓著。

白鹅区大巡游穿过锡耶纳城区

　　从公告看，白鹅区的这次巡游共4天：周四下午1次、晚上2次；周五晚上2次；周六从下午4点到晚上10点进行6次；周日最多，从上午8点到晚上8点半共9次。每次巡游的路线都不一样，保证巡游活动涵盖整个城市。巡游队伍由该区居民组成，以男性中年人和青少年为主，女孩子也有参加，他们全部统一身着代表本区的传统古典服装，分别担任鼓手和旗手，浩浩荡荡绵延数百米，在激越齐整的鼓声中，棋手们有节律地舞动印着本区标志的旗子，并不时表演高难度的抛接动作，引来观众阵阵喝彩，整个街区完全沉浸在热情欢乐的气氛中。

白鹅区巡游队伍中的少年们（周小兵摄）

锡耶纳的另一项古老记录属于1472年成立的锡耶纳银行，它至今仍然存在，是锡耶纳地区的主要金融机构之一，堪称金融活化石，其总部位于锡耶纳老城北部的沙林贝尼广场（Piazza Salimbeni）。

锡耶纳餐厅·原味罗勒酱意大利面

锡耶纳餐厅林立，如果不太赶时间，最好不要错过在此用餐的机会。在离田野广场不远的地方，我们进了一家叫做La Vecchia Caverna（老洞穴）的餐厅吃午饭，品尝了最简单、最原味的罗勒酱意大利面。厨师刚听说有中国人点了这份最简单的意大利面可能觉得有些意外吧，怕有误会，特意请服务员安杰丽卡把一盒罗勒酱料拿到桌上跟我们来核实，因此有幸请教了罗勒酱料和这道面条的做法：新鲜罗勒叶（Basil）300克、大蒜3瓣、松子60克、乳酪100克和海盐适量，用粉碎机打碎后倒入玻璃碗，加入60克初榨橄榄油，手工充分搅拌，再尝一下调整味道，微咸即可，如太稠就再加些橄榄油。吃的时候将意大利面煮熟盛入盘中，趁热拌入1～2勺罗勒酱料。切记：万不可将拌入酱料的面条继续在炉子上加热，以免

锡耶纳西区的老洞穴餐厅

罗勒变色变苦，利用面条余温令煨热酱料即可。这道意大利面清香可口，比常见的浓汁意大利面更能展现意大利美食的精髓，配一杯餐厅自酿白葡萄酒，在托斯卡纳腹地品尝它别有一番飘逸的味道。面条吃完之后用面包将盘内的酱汁擦净吃掉，回味无穷，最后别忘了要一杯浓缩咖啡给这顿午餐画个句号。

圣吉米纳诺水井广场

　　午餐过后告别锡耶纳，去往辖下小镇圣吉米纳诺。和锡耶纳一样，圣吉米纳诺历史中心区也进入了联合国教科文组织的世界遗产名录。我们在午后时分到达圣吉米纳诺老城的入口，狭长的街道人头攒动，熙熙攘攘的人流让人无法相信这是那座传说中清静的中世纪小城。不过别着急，圣吉米纳诺自有它的魅力。眼见人流在街道两边的小店左出右进，那些都不是简单意义上的旅游品商店，颇具本地特色的文具店、家居饰品店、厨具店、调味品店、艺术品画廊依次排开，小小的店面后面深藏着宽敞高大的空间，几乎每一样东西都是手工制作，很难找出两件一模一样的物品，令人流连忘返。越往里走人越稀少，走到这条小街的尽头便是著名的圣吉米纳诺水

圣吉米纳诺水井广场
（周小兵摄）

井广场（Piazza della Cisterna），视野豁然开朗，广场中央那座体量颇大的六角形水井台始建于13-14世纪，是当年圣吉米纳诺全城的主要水源，水井广场因它得名，周围环绕着同时代的建筑，三座塔楼在其中格外醒目。

圣吉米纳诺塔楼

　　塔楼是圣吉米纳诺的标志性建筑，很多人以为它们是教堂的钟塔，其实不然。这些塔楼与教堂无关，而是与中世纪意大利中北和北部的连年战事关系密切，很多城市都不得不重视防御，这些塔楼的功能非常类似开平碉楼（广东），供住家使用，便于防范侵袭，一座楼就是一户人家。只是随着岁月流逝，这个地区的很多塔楼都被拆除，变成普通高度的住房。圣吉米纳诺也不例外，从鼎盛时期的塔楼林立，变成现在仅剩15座，最高的一座高达54米，即便如此，圣吉米纳诺也是意大利保留塔楼最多的城市，成为人们来到这里的又一个重要理由。

圣吉米纳诺主教座堂

时间在这座小城凝滞，它保留着典型的罗曼式和哥特式风韵建筑，越往深处走，越能发现藏在游人罕至的去处，前面还有主教座堂广场，那里有圣吉米纳诺第二高塔楼隆哥诺萨（Rognosa，51米）、波德斯塔宫（Palazzo del Podestà）和主教座堂。从这里继续向南不远就是人民宫（Palazzo del Popolo），它作为小镇美术馆收藏有诸多名家画作，比如在乌菲兹了解过的菲利皮诺·里皮（Filippino Lippi）。夕阳西下时回到水井广场，坐在广场一侧的露天咖啡座小憩，看游人渐渐散去，小城慢慢露出它原本的模样，浅黄色的石壁在余晖中变成金黄，静谧中听着意大利店员热情的话语，有种说不出的惬意。不急于离去，圣吉米纳诺就会给你一份惊喜，恢复清静，还你原汁原味的中世纪小城，令你不虚此行。

圣吉米纳诺主教座堂广场

村口的餐厅招牌

圣吉米纳诺小村餐厅

回酒店之前，司机提议说去一家本地有名的餐厅，就在半路的一个村子里，大家欣然同意。刚到村口就看见了餐厅的标志，名字是"Ristorante I Falciani"，在一个小山坡上，一进门就看见许多名人留言和照片，都是亲笔手写，高低错落地贴在一块木板上，随意而又亲切。餐厅老板早就从司机那儿得到消息，早早地在门口等我们，落座之后，彼此商量好我们不点菜，全听店里的安排，精彩一幕便开始了。前菜是一如既往的新鲜蔬菜沙拉配果醋，海鲜汤一如既往的清香扑鼻，还送上两大盘火腿肠薄片，说是配面包先垫垫肚子。随后老板隆重地端出一盘厚达1寸的6块牛肉给我们看过，叫厨师拿到室外的烤炉去做，不多时，新鲜出炉的烤牛排滋滋作响地端了上来，每一块牛排都比一只餐盘还要大，外焦里嫩，没有什么调料的味道干扰味觉，只有醇正的鲜香。正当大快朵颐之时，厨师不停地送来烤虾、烤鱿鱼佐餐，直到我们叫停为止。老板说，喝点东西歇息一下，下一道是墨鱼汁海鲜面。不解释还好，老板稍加讲解做法，同行朋友中就有人面露难色，原来这种面是用新鲜墨鱼汁和面现做的面条，一定很腥吧？老板说，我不劝你们，但是我可以保证，如果你们错过一定会很后悔，唯一要提醒各位的是这道面条吃完之后大家的舌头和牙齿都会变得有点黑，但是过一两天就会消失的。咱们说好了不用先商量的，我这就让厨师做，不好吃全算我的。说话间墨鱼汁面就上来了，可能是加了白葡萄酒、大蒜末和橄榄油的缘故，完全没有想象中腥味，代之以海鲜的清香，加上无比幼滑的口感，挤上几滴柠檬汁就齐活了。每个人都一点不剩地解决了自己盘中面，厨师又送来一张比萨，大家面面相觑，真是眼大肚子小啊！这比萨是我们看着厨师在不远的烤炉现做的，老板说知道你们吃不下了，不过你们来一趟不容易，一定要尝尝我们店的比萨，只见那比萨只是一层薄薄的饼，上面的奶酪、蔬菜、蛤蜊肉闪着新鲜诱人的光泽，不吃真是不忍啊！最后的甜点只能是冰淇淋了，完全没空间装别的。牛排还剩下不少，老板说我再叫厨师再加工一下，不一会儿拿回来的是一大盘烤好的小牛肉块，拇指那么大小，老板说给你们打包带走，明天在路上当零食。至今也不知道为什么，我们有幸遇到这么好的餐厅，这么可心的服务，在哪儿可能都是奢望吧。

Ristorante I Falciani
餐厅

第七天

结束了在托斯卡纳地区的旅行，我们一路向北，前往此行的最后一站威尼斯。在酒店用过早餐，开车近3个小时抵达威尼斯大岛对岸的渡口。将近午餐时间，谢谢昨晚餐厅老板的贴心服务，我们用他准备的烤牛肉加上事先采买的其他食品在车上匆匆吃过，节省了去餐厅用餐的时间，即便这样，留给威尼斯的也只有大半天。

意大利威尼斯手工制作酒杯，1880年制品

威尼斯在意大利北部威尼斯湾的西北方向，得天独厚的地理位置曾经令它成为军事要地和连接南欧和西亚的通商口岸，政治格局的稳固和强势令威尼斯在公元9-12世纪经历美好岁月，繁荣则持续到公元15世纪，战争失利和黑死病令它大伤元气，走向衰落，葡萄牙取代威尼斯成为新的欧亚贸易中心，法国和西班牙在1494-1559年意大利战争期间先后进入并控制了威尼斯，结束了它的光辉岁月。威尼斯曾经的稳定和繁荣，造就了重商轻政的文化消费阶层，为文艺复兴运动晚期在威尼斯的繁荣奠定基础，当这个基础不复存在，这种繁荣也就走到了尽头，结束了它的辉煌历史。庆幸的是历史从来不会了无痕迹，威尼斯数百年的繁荣

积淀厚重的遗存，1987年以全城名义列入联合国教科文组织世界文化遗产名录。

　　威尼斯的名字总是和水城、圣马可广场密不可分，但是作为游客，首先要解决的问题就是如何上到威尼斯主岛去，这个位于亚得里亚海里的城市被海水包围，除了跨海铁路桥，剩下的就是渡海班轮了。不过，免费轮渡也是有的，我们上了一家玻璃器皿公司的渡船，上岸后直接进了玻璃工坊，看了一只酒杯的制作过程，转过公司的展厅和玻璃器皿店就告辞了。想起来还是有点为威尼斯的玻璃行业心酸的，曾几何时，威尼斯玻璃制造业的声名不在中国瓷器之下，是整个欧洲乃至世界追逐的艺术品兼奢侈品，北京故宫内保留着一些清朝时外国使臣带来的威尼斯玻璃制品，有灯具、花瓶等，都是有国礼之尊的器物，非常人可以企及。如今威尼斯的玻璃工坊不得不靠世俗的拉客手段招徕客户，展览和售卖的玻璃制品亦乏善可陈，看来手工艺人所面临的窘境在很多国家都差不多，坚守传统和创新都要合适的土壤，消费者的审美直接决定着他们的命运，尤其是那些有消费能力的人群。

圣马可广场

　　当渡轮行驶在海面上，威尼斯就像一叶红白相间的孤舟，由远及近。在意大利行走多日，见惯了教堂和广场，所以接近主岛的时候，湛蓝海水边的那些建筑已经很难激发好奇心，直到离开玻璃工坊，来到圣马可广场，才真正进入了威尼斯的心脏，印象中的威尼斯终于成为脚下坚实的大理石地面。圣马可广场吸引人的趣事之一是喂鸽子，从小贩那里买几包黄豆，刚要拆开，鸽群已经开始围拢，一把黄豆撒向天空，鸽子们便飞速冲去，复又回来落在你身上，由不得你半点迟疑，直到你把手中的黄豆全部撒完，它们才离开去往下一个目标。这些鸽子的眼力和判断能力无比精准，游人如果想和它们嬉闹，只有乖乖喂食的份，最好别和它们逗壳子，否则它们会执著地在你浑身上下纠缠，直到你"投降"为止。

圣马可广场因圣马可教堂（Basilica Cattedrale Patriarcale di San Marco）得名，这是威尼斯的天主教主教座堂，保留至今的建筑是11世纪重建的，那时的威尼斯正是欧亚通商口岸要道，建筑形制具有鲜明的拜占庭风格也算顺理成章，不仅是建筑风格，来自东方的建筑材料和成品装饰物如石雕也随着源源不断的船只被运到威尼斯，使用到圣马可教堂上，后续的维修和改建中又增加了哥特式尖顶，让这座建筑变得多姿多彩，成为欧洲乃至全世界独一无二的教堂建筑，在此印证了那条规律，即建筑的变化和求新永远服从于

威尼斯圣马可教堂

宗教和政治的需要，成为历史的镜鉴，而建筑师追求的风格严谨统一总是一种理想。圣马可教堂内部固然恢弘绚丽，但是也千万不要忽略它外部与众不同的装饰，下层5个门洞的半穹顶装饰和上层4个半圆形壁画都是天然马赛克镶嵌而成，是那个时代集艺术创作与巨大财力的经典之作。

威尼斯水巷

来威尼斯绝对不能错过水巷，寻到码头，坐贡多拉穿行在迷宫一样的城里，船夫自然就知道带你去往何方。据称威尼斯有大小118个岛屿和117条有名字的河，当然这些河里流的都是海水，桥梁则有大小共401座。在这个没有汽车的城市，河道就是街巷，但贡多拉并不是公交车，而是专为游客服务的"观光小巴"，另有固

贡多拉穿行在无声无息的威尼斯水巷

定线路的小艇才是居民出入的公交车。如果说昨天去的圣吉米纳诺是一座时光凝滞的小城,那么威尼斯就像无人的空城,说它"无人"是因为很难看到任何与旅游无关的人及场所,看不到本地居民,也看不到他们的生活。贡多拉在水巷穿行,两侧的房屋寂静无声,感受不到生命的气息,偶尔看得到旅馆和餐厅在水巷里的小码头边开着门,也是悄无声息。

叹息桥

威尼斯叹息桥,早期巴洛克风格,建于1600年

船行没多远就遇到了著名的叹息桥(Ponte dei Sospiri),它在圣马可教堂比邻的总督府侧面,总督府(Palazzo Ducale)既是威尼斯总督的住所,也是政府和法院所在地,叹息桥用来连接河两侧的法院审讯室和"新监狱",据说囚犯们常从这里经过,死囚临刑前这里更是必经之路,多半会从桥上的小窗向外张望,留下人生最后的叹息,故此得名。想起英国剑桥也有一座"叹息桥",据说那是学子们或为学业不顺或为青春爱情困扰而叹息轻生之处,跳桥的人多了,不得已被改建成哥特式花窗的封闭廊桥,断了轻生者的念想,留下"叹息桥"的名字作为谈资。威尼斯这座叹息桥也是封闭廊桥,不过没有剑桥那座封得那么优雅,严严实实地只在每一侧留两个小窗,还加了密实的石质窗栅,巴洛克早期的装饰风格并没有让它轻松起来,看

见的是种不苟言笑的、略微有些华丽的威严。后来有好事者说坐贡多拉桥下与恋人亲吻就可以得到永恒爱情，这多半又是意大利人为游客想出来的节目，和罗马许愿池的故事如出一辙。

里阿尔托桥

贡多拉从水巷进入流经全城的S形大运河，自然要从著名的里阿尔托桥（Ponte di Rialto）穿过，它无数次出现在电影和画册里，是与圣马可广场齐名的威尼斯地标建筑。坐在贡多拉上，就会成为两岸和桥上的人瞩目的焦点。贡多拉船夫大都不苟言笑，不主动和游客交谈，当然也不会主动为乘客唱船歌，据说他们大都是外乡人，语言沟通有些问题是一方面，另一方面则是商业化使然，每一项服务都是定义好了的。然而里阿尔托桥确实是名副其实的秀

贡多拉刚刚穿过里阿尔托桥

场，总有情侣特地约请歌手和手风琴演奏者一同上船，在经过里阿尔托桥的时候纵声放歌，引得两岸游人喝彩声不断，这也算是威尼斯一景吧。这座单孔石质拱桥开工于1588年，历时3年建成，是文艺复兴末期的作品。它跨度近30米，不仅建有石质风雨廊，更在桥的中央处高起一处坡顶拱门，与中国的传统亭桥颇为相像，由于在结构上桥中央最薄弱的部分受力很大，有建筑家断言它建成后待不了几年就会垮掉，然而此言并未应验，建成至今依然屹立在大运河两岸，保持着英气逼人的风貌。

有人说在威尼斯最浪漫的事之一，就是坐在圣马可广场的露天咖啡馆，和爱人一起在潮起潮落间看夕阳落下，然而要想做到却并不容易。威尼斯是个"大地方"，和许多意大利著名旅游地一样高度商业化，为游客服务的人大都不是本地人，也不住在威尼斯岛上，没等日头偏西，游客们已经开始被导游吆喝着赶紧离岛，服务人员也大都收拾停当，准备关门回大陆去。那份小资情怀在圣吉米纳诺小城或许还能找到，而威尼斯这样的大地方则不易了。还有点时间的话，不妨在城里再逛一圈。和坐在贡多拉上游走水城很不一样，从陆地走就是不停地穿越一座又一座古老的小桥，在游人散去的时候看着威尼斯从喧嚣变成寂寥，也是不寻常的体验。以前常听人说，若是爬黄山，千金难买"回头望"，一路只顾向前定会错过回头一瞥的美丽风景。同样的道理，在游人如织的旅游胜地，哪里避得开如潮水般的人流，看见的一定不是原汁原味的风景，最好的办法就是打个时间差，或是在游人没有到来之前捷足先登，或是逆人流而行，在大家匆匆离去时放慢脚步，继续往城市的深处去。当然，前提是自助游，同行的旅伴也都愿意这么走才好。离开威尼斯之前提醒一下，威尼斯的佩姬·古根汉美术馆是重要的现代美术馆，它的立体派、抽象派和超现实主义流派绘画和雕塑收藏在全世界举足轻重，如有兴趣且时间允许，最好不要错过。

　　威尼斯是人们心中璀璨的明珠，因为它太独特，太无可取代，但是人们可能并不知道它已经有很长时间出于危急的边缘，海洋的自然侵袭它无处躲藏，4千米外的大型炼油厂抽取地下水令地面沉降，排放的有害气体加剧了大理石表面剥落，还有旅游业导致运输需求增加，大量机械化船只频繁穿梭在威尼斯水巷，燃油泄漏加上激浪拍岸，加剧了威尼斯建筑被侵蚀的速度。也许我们还有机会再来，但是不知道那时的威尼斯会是什么样，也许老天眷顾，总要让威尼斯逢凶化吉，也可能苍天无力，我们自己的到来也是加剧它危急的一分子。这里面没有什么乐观与悲观，人可以创造无限辉煌，但是在自然面前总要有所畏惧。

夕阳里的威尼斯大岛
对岸现代炼油厂区

结 语

在外人看来，意大利遍地古迹，单凭这些足够养活好几代人。到了那儿也确实会遇到很多吃这碗饭的人，他们是高度商业化旅游业机器上的零部件，好一点的会给你等值的服务，差一些的视游客为待宰的羔羊，因此在旅行中保持清醒和警觉很有必要，但是这并不等于说，意大利行旅必然险象环生。旅游多半是为了放松心情，享受异域风光，小心些就能保证不出意外，但不要希冀真正深入当地的生活，了解那个世界的内心，对于意大利这样的国家，单纯的旅游多少有些遗憾。

威尼斯广场